AF197172

tredition
BIBELBRIEFE 1
Dietmar Schaffarczyk
Römer und Hebräer

Gesetz und Priestertum

tredition

Über den Autor

Dietmar Schaffarczyk (* 1970) ist Journalist und Unternehmer. Er arbeitet als freier Autor und Redakteur. Seine Themenbereiche sind Philosophie, Theologie, Medizin und Life-Science. Er studierte Philosophie, Theologie und Regulatory Affairs für Medizintechnik in München und Lübeck. Er lebt und arbeitet in Kreuzlingen (Schweiz) und Konstanz (Deutschland).

Gesetz und Priestertum

Die Briefe der Bibel 1:

Römer
Hebräer

Dietmar Schaffarczyk

Bibliografische Information der Deutschen Bibliothek

Die Deutsche Bibliothek verzeichnet diese Publikation in der Deutschen Nationalbibliografie; detaillierte bibliografische Daten sind im Internet über http://dnb.ddb.de abrufbar.

Printed in Germany

Verlag: tredition
ISBN: 978-3-347-15934-1 (Paperback)
           978-3-347-15935-8 (Hardcover)
           978-3-347-15936-5 (e-Book)
Cover: © ZYK.
Layout: Johann-Christian Hanke

Im Anfang war das Wort.
Johannes 1,1

Inhaltsverzeichnis

Die Briefe der Bibel 1
Gesetz und Priestertum
Thesenschrift mit Originaltexten
Römerbrief und Hebräerbrief

Dietmar Schaffarczyk

1 Einleitung

Jesaja 59: ¹ Siehe, die Hand des HERRN ist nicht zu kurz, um zu retten, und sein Ohr nicht zu schwer, um zu hören.

1.1 Motivation und Ansporn

Die Bibel ist ein Buch mit Geschichte. Es gibt kein zweites Buch, das in so viele Sprachen übersetzt und in so vielen Haushalten existent ist. Das Wort «Bibel» stammt aus der griechischen Sprache und bedeutet «Bücher», denn die Bibel ist ein Buch, das eine Bibliothek beinhaltet: Je nach Zählweise waren mehr als vierzig Autoren über Jahrhunderte bis Jahrtausende an ihrer Entstehung beteiligt. Je nach Konfession besteht die Bibel zumindest aus 39 Schriften des Alten Testaments und 27 des Neuen Testaments. Es werden 11 Spätschriften gezählt, die je nach Konfession zum Kanon gerechnet werden.

Kurzum: Viele Autoren, eine lange Entstehungszeit, viele einzelne Bücher. Auch die Autoren könnten unterschiedlicher nicht sein: Einfach Leute, aber auch Könige. Ärzte und Schäfer, Römer und Israeliten: Und doch bildet die Bibel eine einzigartige Einheit.

Diese Einheit muss man freilich erst entdecken. Als ich mir vor Monaten vorgenommen habe, unvoreingenommen – das heißt ohne Kommentare, Lehrbücher, Interpretationen, Katechismen, Enzykliken – die Bibel aufzuschlagen und einfach darin zu lesen, wusste ich nicht, wohin mich die Reise führt.

Würde ich «Neues» entdecken oder wäre es schnell «langweilig», schliesslich sind wir ja alle schon ein bisschen «vorbelastet»: Schule, Kindergarten, Eltern. Firm- oder Konfirmationsunterricht: Es gibt viel, was wir schon einmal gehört haben. Viel, das man vielleicht sogar auswendig lernen musste.

Alle «Heiligen Zeiten» - pünktlich zu Weihnachten, Ostern und Pfingsten – schafft es die Bibel auch immer wieder auf die Titelblätter von Stern, Spiegel und co. Skandale um Finanzen, Hierarchien oder Missbrauch in den Kirchen erzürnen die Gesellschaft. Egal was ist: schnell wird allgemein das Christentum in Sippenhaft genommen. Doch was ist dieses Christentum? Was ist biblische Lehre und was ist Tradition, Irrlehre,

Menschenmeinung, Manipulation oder Fehlinformation? Die Antwort darauf, dachte ich, in der Bibel zu finden: Denn unstrittig fußt das Christentum auf Jesus Christus, der im «Neuen Testament» im Mittelpunkt der Berichte steht. Jesus wiederum war gläubiger Jude. Das ist ebenfalls unstrittig. Daraus hat er auch selbst nie einen Hehl gemacht, seine Herkunft nie verleugnet, die Aussagen der Schrift nie verneint. Nur mit menschlichen Interpretationen der Aussagen der Schrift, hatte auch er «so seine Probleme», korrigierte diese in seinen Reden und wies die Tatsachenverdreher und einseitigen Rechtsausleger zurecht.

Also – so dachte ich mir – lohnt sich auch der Blick ins «Alte Testament».

Eine weitere Frage, die ich mir stellte: Was macht eine Religion aus? Eine erste Antwort, die ich mir gab: Ihre Beziehung zu einem Gott. Aber auch Gottesdienst, Glaube, Übereinkünfte, Vorschriften, Gesetze, Zelebranten und Priester.

Gesetz und Priestertum: Ich hatte meine beiden Stichworte gefunden, die ich in der Bibel recherchieren wollte: Was sagt die Bibel über Gesetz und Priestertum, unabhängig von der Auslegung und Auffassung der grossen und kleinen Konfessionen und Glaubensgemeinschaften. Nur die Bibel, die ursprünglichen Texte.

Für den strikt atheistischen Leser – der das Büchlein kaum in Händen halten wird – mag das nun «furchtbar» gläubig und bigott klingen. Für einen tiefgläubigen Konfessionsanhänger vielleicht «furchtbar» ketzerisch. Ich will jedoch weder den einen noch den anderen mit dem Brecheisen bekehren.

Ich möchte jedoch den Blick auf den Ursprung lenken und dazu ermuntern – egal ob man dem Glauben ablehnend oder befürwortend gegenübersteht – zumindest zu wissen, ob das, was man ablehnt oder «verteufelt» oder das, was man mit Vehemenz oder aus Tradition verteidigt, mit der Bibel und ihren Texten übereinstimmt.

1.2 Aus furchtbar wird fruchtbar

Furchtbar bigott oder furchtbar ketzerisch: Für mich hat sich in der Zeit des Bibelstudiums einfach der Buchstabe «r» verschoben: Aus «furchtbar» wurde «fruchtbar». Ich war erstaunt, was ich alles entdeckte: Wie sehr sich die Aussagen der Bibel aufeinander beziehen, wie klar der «Rote Faden» erkennbar ist und wie sich – teils schwierige – Sachverhalte «von allein» erklären. Eins ist klar: Fast in jedem Haushalt findet sich eine Bibel, sie wird nur viel zu selten gelesen. Ändern Sie das jetzt mit mir!

1.3 Gesetz und Priestertum

Dieser erste Band der theologisch-philosophischen Reihe wagt ein Experiment. Ich setze zwei Briefe in Reihe, bei denen die Autorenschaft nicht eindeutig geklärt ist: Den Römerbrief und den Hebräerbrief. Während der Römerbrief eindeutig dem Apostel Paulus zugeordnet werden kann – nicht zuletzt nennt sich dieser selbst als Autor – ist die Autorenschaft des Hebräerbriefes strittig. Die einen vermuten ebenfalls Paulus, die anderen widersprechen dieser Auffassung.

Jedoch gab auch nicht die übereinstimmende Autorenschaft den Ausschlag, diese beiden Briefe in Kombination miteinander in einem Band vorzustellen, vielmehr ist es die theologische Grundhaltung, die aus diesen Briefen spricht: Beide Briefe nehmen in zentralen Passagen und Fragestellungen Bezug zum Alten Testament, beide Briefe sehen im «Alten Bund» Gottes mit den Menschen, die Grundvoraussetzung für den «Neuen Bund» und in beiden Briefen werden zentrale Themen behandelt, die im Alten Testament grundgelegt wurden und im Neuen Testament ihre Erfüllung finden: Es geht um Gesetz und Priestertum.

Um der Argumentation dieser Briefe folgen zu können, müssen jedoch Prämissen aufgestellt werden. Dies gilt für den Römerbrief ebenso, wie für den Hebräerbrief.

1.4 Welche Prämissen gilt es zu vereinbaren?

Bevor Sie nun weiterlesen, lassen Sie uns ein paar grundlegende Prämissen vereinbaren: Ohne diese geht es nicht. Soll-

Mit Fußnoten und Randnotizen verweise ich im Folgenden auf Querverweise und Referenzen innerhalb der biblischen Texte. Damit will ich zeigen, dass sich der «Rote Faden», die partnerschaftliche Freundschaft Gottes zu den Menschen quer durch die ganze Bibel zieht und dieser «Rote Faden» nie verloren geht.

Der oder die Autor(en) des Hebräerbriefes ist/sind nicht bekannt. Als Autoren werden vermutet: Paulus, Barnabas, Apollos. Dass es sich überhaupt um einen Brief handelt, ist zudem erst am Briefschluss erkennbar.

ten Sie den nun folgenden Aussagen nicht zustimmen können, lassen Sie sie einfach als experimentelle Grundvoraussetzung gelten. Lassen Sie sich darauf ein, wie auf ein Gedankenexperiment und seien Sie für den Augenblick, den es dauert, dieses Buch zu lesen, frei von Vorurteilen und vorgefassten Meinungen.

Prämissen

1 Die Existenz Gottes muss zum Verständnis der Theologie, die diesen Briefen zu Grunde liegt, vorausgesetzt werden.
2 Ebenfalls muss vorausgesetzt werden, dass Gott mit den Menschen einen Bund geschlossen hat und diesen Bund über alle Zeiten hinweg aufrechterhalten will.
3 Voraussetzung 3: Gott verfolgt einen Erlösungsplan.
4 4. Grundvoraussetzung: «Altes Testament» und «Neues Testament» bauen aufeinander auf und verweisen aufeinander.

Diese Prämissen gelten für beide Teile dieses Buches. Beiden Teilen des Buches sind in den jeweiligen Kapiteln zudem noch Prämissen vorangestellt, die speziell für den Römerbrief oder den Hebräerbrief gelten.

1.5   Der Aufbau dieses Buches

Für dieses Buch wurden die Originaltexte, der Römerbrief, der Hebräerbrief sowie die Texte des «Alten Testaments» und des «Neuen Testaments» in der Übersetzung der Elberfelder Bibel oder in der Übersetzung nach Luther herangezogen. Eine Konkordanz erleichterte die Suche nach Querverweisen und Bibelstellen. Sekundärliteratur wurde nicht verwendet.

Die Thesen, die in den jeweiligen Kapiteln aufgestellt werden, sind direkt aus dem Originaltext des jeweiligen Briefes entlehnt. Textgrundlage ist hierbei die Übersetzung nach Elberfelder Bibel oder nach Luther.

> Die Thesen in den hellgrau hinterlegten Absätzen, die im Folgenden den jeweiligen Kapiteln voranstehen, wurden von mir direkt aus den jeweiligen Kapiteltexten des Römerbriefes und des Hebräerbriefes abgeleitet.

Um zu überprüfen, ob die Thesen in der inhaltlichen Ausrichtung zutreffen und dem Gedankengerüst des Verfassers des jeweiligen Originalbriefes entsprechen, empfiehlt es sich, am Ende eines Kapitels die entsprechenden Stellen im Römer oder Hebräerbrief zu lesen.

Der Einfachheit halber finden sich die Originaltexte am Ende jedes Kapitels, eigens durch einen Rahmen / Kasten gekennzeichnet. Sie dürfen aber auch gerne dazu Ihre Bibel aus dem Schrank holen und einmal aufschlagen.

Im Folgenden werden noch zwei zentrale Texte der Bibel den beiden eigentlichen Hauptteilen vorangestellt: Der «Schöpfungsbericht» sowie die «Zehn Gebote». Es ist für das Verständnis der Reflexionen über das Gesetz und das Priestertum wichtig, diese Texte präsent zu haben.

Dies vorausgesetzt, hoffe ich, dass die nun folgenden Gedanken zum Nachdenken anregen.

Kreuzlingen, August 2020

Vorwort zur ersten Auflage.

2 Die Zehn Gebote

5 Mose 5:

¹ Und Mose rief ganz Israel herbei und sprach zu ihnen: Höre, Israel, die Ordnungen und die Rechtsbestimmungen, die ich heute vor euren Ohren rede! Lernt sie und achtet darauf, sie zu tun! ² Der HERR, unser Gott, hat am Horeb einen Bund mit uns geschlossen. ³ Nicht mit unseren Vätern hat der HERR diesen Bund geschlossen, sondern mit uns, die wir heute hier alle am Leben sind. ⁴ Von Angesicht zu Angesicht hat der HERR auf dem Berg mitten aus dem Feuer mit euch geredet - ⁵ ich stand zwischen dem HERRN und euch zu jener Zeit, um euch das Wort des HERRN zu verkünden; denn ihr fürchtet euch vor dem Feuer und stieget nicht auf den Berg -, indem er sprach: ⁶ Ich bin der HERR, dein Gott, der ich dich aus dem Land Ägypten, aus dem Sklavenhaus, herausgeführt habe.

⁷ Du sollst keine anderen Götter haben neben mir. - ⁸ Du sollst dir kein Götterbild machen, irgendein Abbild dessen, was oben im Himmel oder was unten auf der Erde oder was im Wasser unter der Erde ist. ⁹ Du sollst dich vor ihnen nicht niederwerfen und ihnen nicht dienen. Denn ich, der HERR, dein Gott, bin ein eifersüchtiger Gott, der die Schuld der Väter heimsucht an den Kindern und an der dritten und vierten Generation von denen, die mich hassen, ¹⁰ der aber Gnade erweist auf Tausende hin denen, die mich lieben und meine Gebote halten. - ¹¹ Du sollst den Namen des HERRN, deines Gottes, nicht zu Nichtigem aussprechen. Denn der HERR wird den nicht ungestraft lassen, der seinen Namen zu Nichtigem ausspricht. - ¹² Beachte den Sabbattag, um ihn heilig zu halten, so wie der HERR, dein Gott, es dir geboten hat! ¹³ Sechs Tage sollst du arbeiten und all deine Arbeit tun; ¹⁴ aber der siebte Tag ist Sabbat für den HERRN, deinen Gott. Du sollst an ihm keinerlei Arbeit tun, du und dein Sohn und deine Tochter und dein Sklave und deine Sklavin und dein Rind und dein Esel und all dein Vieh und der Fremde bei dir, der innerhalb deiner Tore wohnt, damit dein Sklave und deine Sklavin ruhen wie du. ¹⁵ Und denke daran, dass du Sklave warst im Land Ägypten und dass der HERR, dein Gott, dich mit starker Hand und mit ausgestrecktem Arm von dort herausgeführt hat! Darum hat der HERR, dein Gott, dir geboten, den Sabbattag zu feiern. ¹⁶ Ehre deinen Vater und deine Mutter, wie der HERR, dein Gott, es dir geboten hat, damit deine Tage lange währen und damit es dir gut geht in dem Land, das der HERR, dein Gott, dir gibt! - ¹⁷ Du sollst nicht töten. - ¹⁸ Und du sollst nicht ehebrechen. - ¹⁹ Und du sollst nicht stehlen. - ²⁰ Und du sollst kein falsches Zeugnis gegen deinen Nächsten ablegen. - ²¹ Und du sollst die Frau deines Nächsten nicht begehren. Und du sollst dich nicht gelüsten lassen nach dem Haus deines Nächsten noch nach seinem Feld noch nach seinem Knecht noch nach seiner Magd noch nach seinem Rind noch nach seinem Esel noch nach allem, was dein Nächster hat.

²² Diese Worte redete der HERR auf dem Berg zu eurer ganzen Versammlung mitten aus dem Feuer, dem Gewölk und dem Dunkel mit gewaltiger Stimme und fügte nichts hinzu. Und er schrieb sie auf zwei steinerne Tafeln und gab sie mir.

3 Die Schöpfung: Siebentagewerk

[1] Im Anfang schuf Gott den Himmel und die Erde. [2] Und die Erde war wüst und leer, und Finsternis war über der Tiefe; und der Geist Gottes schwebte über dem Wasser. [3] Und Gott sprach: Es werde Licht! Und es wurde Licht. [4] Und Gott sah das Licht, dass es gut war; und Gott schied das Licht von der Finsternis. [5] Und Gott nannte das Licht Tag, und die Finsternis nannte er Nacht. Und es wurde Abend, und es wurde Morgen: ein Tag.

[6] Und Gott sprach: Es werde eine Wölbung mitten im Wasser, und es sei eine Scheidung zwischen dem Wasser und dem Wasser! [7] Und Gott machte die Wölbung und schied das Wasser, das unterhalb der Wölbung, von dem Wasser, das oberhalb der Wölbung war. Und es geschah so. [8] Und Gott nannte die Wölbung Himmel. Und es wurde Abend, und es wurde Morgen: ein zweiter Tag.

[9] Und Gott sprach: Es soll sich das Wasser unterhalb des Himmels an einen Ort sammeln, und es werde das Trockene sichtbar! Und es geschah so. [10] Und Gott nannte das Trockene Erde, und die Ansammlung des Wassers nannte er Meere. Und Gott sah, dass es gut war. [11] Und Gott sprach: Die Erde lasse Gras hervorsprossen, Kraut, das Samen hervorbringt, Fruchtbäume, die auf der Erde Früchte tragen nach ihrer Art, in denen ihr Same ist! Und es geschah so. [12] Und die Erde brachte Gras hervor, Kraut, das Samen hervorbringt nach seiner Art, und Bäume, die Früchte tragen, in denen ihr Same ist nach ihrer Art. Und Gott sah, dass es gut war. [13] Und es wurde Abend, und es wurde Morgen: ein dritter Tag.

[14] Und Gott sprach: Es sollen Lichter an der Wölbung des Himmels werden, um zu scheiden zwischen Tag und Nacht, und sie sollen dienen als Zeichen und zur Bestimmung von Zeiten und Tagen und Jahren; [15] und sie sollen als Lichter an der Wölbung des Himmels dienen, um auf die Erde zu leuchten! Und es geschah so. [16] Und Gott machte die beiden großen Lichter: das größere Licht zur Beherrschung des Tages und das kleinere Licht zur Beherrschung der Nacht und die Sterne. [17] Und Gott setzte sie an die Wölbung des Himmels, über die

Johannes 1:

[1] Im Anfang war das Wort, und das Wort war bei Gott, und das Wort war Gott. [2] Dieses war im Anfang bei Gott. [3] Alles wurde durch dasselbe, und ohne dasselbe wurde auch nicht eines, das geworden ist. [4] In ihm war Leben, und das Leben war das Licht der Menschen. [5] Und das Licht scheint in der Finsternis, und die Finsternis hat es nicht erfasst.

Erde zu leuchten [18] und zu herrschen über den Tag und über die Nacht und zwischen dem Licht und der Finsternis zu scheiden. Und Gott sah, dass es gut war. [19] Und es wurde Abend, und es wurde Morgen: ein vierter Tag.

[20] Und Gott sprach: Es soll das Wasser vom Gewimmel lebender Wesen wimmeln, und Vögel sollen über der Erde fliegen unter der Wölbung des Himmels! [21] Und Gott schuf die großen Seeungeheuer und alle sich regenden lebenden Wesen, von denen das Wasser wimmelt, nach ihrer Art, und alle geflügelten Vögel, nach ihrer Art. Und Gott sah, dass es gut war. [22] Und Gott segnete sie und sprach: Seid fruchtbar und vermehrt euch, und füllt das Wasser in den Meeren, und die Vögel sollen sich vermehren auf der Erde! [23] Und es wurde Abend, und es wurde Morgen: ein fünfter Tag.

[24] Und Gott sprach: Die Erde bringe lebende Wesen hervor nach ihrer Art: Vieh und kriechende Tiere und wilde Tiere der Erde nach ihrer Art! Und es geschah so.

[25] Und Gott machte die wilden Tiere der Erde nach ihrer Art und das Vieh nach seiner Art und alle kriechenden Tiere auf dem Erdboden nach ihrer Art. Und Gott sah, dass es gut war.

[26] Und Gott sprach: Lasst uns Menschen machen in unserm Bild, uns ähnlich! Sie sollen herrschen über die Fische des Meeres und über die Vögel des Himmels und über das Vieh und über die ganze Erde und über alle kriechenden Tiere, die auf der Erde kriechen!

[27] Und Gott schuf den Menschen nach seinem Bild, nach dem Bild Gottes schuf er ihn; als Mann und Frau schuf er sie. [28] Und Gott segnete sie, und Gott sprach zu ihnen: Seid fruchtbar und vermehrt euch, und füllt die Erde, und macht sie euch untertan; und herrscht über die Fische des Meeres und über die Vögel des Himmels und über alle Tiere, die sich auf der Erde regen!

[29] Und Gott sprach: Siehe, ich habe euch alles Samen tragende Kraut gegeben, das auf der Fläche der ganzen Erde ist, und jeden Baum, an dem Samen tragende Baumfrucht ist: es soll euch zur Nahrung dienen; [30] aber allen Tieren der Erde und allen Vögeln des Himmels und allem, was sich auf der

Erde regt, in dem eine lebende Seele ist, habe ich alles grüne Kraut zur Speise gegeben. Und es geschah so.

[31] Und Gott sah alles, was er gemacht hatte, und siehe, es war sehr gut. Und es wurde Abend, und es wurde Morgen: der sechste Tag.

---

1 Mose Kapitel 2: Der SIEBTE Tag

[1] So wurden der Himmel und die Erde und all ihr Heer vollendet. [2] Und Gott vollendete am siebten Tag sein Werk, das er gemacht hatte; und er ruhte am siebten Tag von all seinem Werk, das er gemacht hatte. [3] Und Gott segnete den siebten Tag und heiligte ihn; denn an ihm ruhte er von all seinem Werk, das Gott geschaffen hatte, indem er es machte.

---

4 Wie wurde Saulus Paulus?

Apostelgeschichte 9,5:

[1] Saulus aber schnaubte immer noch Drohung und Mord gegen die Jünger des Herrn [...] Und plötzlich umstrahlte ihn ein Licht aus dem Himmel; [4] und er fiel auf die Erde und hörte eine Stimme, die zu ihm sprach: Saul, Saul, was verfolgst du mich? [5] Er aber sprach: Wer bist du, Herr? Er aber sagte: Ich bin Jesus, den du verfolgst. [6] Doch steh auf und geh in die Stadt, und es wird dir gesagt werden, was du tun sollst!

Saulus war Jude. Hochgebildet. Römischer Bürger von Geburt[1]. Ein Eiferer für Gott [2], wie er selbst von sich behauptet. Jedoch beileibe kein Eiferer für die Sache Jesu. Im Gegenteil.

Saulus zählte nicht zu den Jüngern Jesu, die Jesus auf seinem Weg begleiteten, die ihm nahestanden, mit ihm das Abendmahl feierten.

4.1 Ein grausamer Gegner

Saulus war keiner der ZWÖLF. Mitnichten. Saulus war einer der unerbittlichsten Gegner der Lehre Jesu: Er war ein grausamer Verfolger der ersten Christen. Ein Bluthund [3].

Saulus/Paulus berichtet von sich selbst, dass er einer der Ersten war, der Christen systematisch verfolgte [4], er Spaß daran hatte, sie zu jagen und in den Synagogen auspeitschen zu lassen [5]. Er fand sogar Gefallen daran, dass Stephanus getötet wurde [6]. Er war dabei, er war mitten drin: Er, Paulus, der Apostel der Heiden.

Irgendetwas – nein – irgendwer - musste ihm passiert sein, dass er diesen extremen Sinneswandel hinlegte, der geradezu sprichwörtlich wurde für ein Ereignis, das einer Gehirnwäsche gleichkommt oder einem Gesinnungswandel um 180 Grad.

4.2 Vom Saulus zum Paulus [7]:

Was war geschehen, dass Paulus den Zweck seiner Reisetätigkeit so extrem änderte, dass er nicht mehr Christen aufstöberte, um sie umzubringen, sondern die Nationen besuchte, um Ihnen vom Evangelium zu berichten?

---

[1] Apostelgeschichte (Apg) 22,28

[2] Apg 22,3

[3] Apg 8, 1 - 3

[4] Apg 22, 4,5: Ich habe diesen Weg verfolgt bis auf den Tod; ich band Männer und Frauen und warf sie ins Gefängnis; wie mir auch der Hohepriester bezeugt und der ganze Rat der Ältesten. Von ihnen empfing ich auch Briefe an die Brüder und reiste nach Damaskus, um auch die, die dort waren, gefesselt nach Jerusalem zu führen, damit sie bestraft würden.

[5] Apg 22,19

[6] Apg 22,20

[7] Apg 9

Denn auch das behauptet Paulus von sich selbst: Ich bin „Paulus, ein Knecht Christi Jesu, berufen zum Apostel, ausgesondert zu predigen das Evangelium Gottes"[8]

Er predigte so intensiv und mit Nachdruck, dass schließlich Paulus selbst von den Juden gehasst und verfolgt wurde.

4.3   Bibelbericht in der Apostelgeschichte:

Kapitel 26 Die Verteidigungsrede des Paulus

[1] Agrippa aber sprach zu Paulus: Es ist dir erlaubt, für dich selbst zu reden. Da streckte Paulus die Hand aus und verteidigte sich: [2] Es ist mir sehr lieb, König Agrippa, dass ich mich heute vor dir verantworten kann wegen all der Dinge, deren ich von den Juden beschuldigt werde, [3] vor allem, weil du alle Ordnungen und Streitfragen der Juden kennst. Darum bitte ich dich, mich geduldig anzuhören. [4] Mein Leben von Jugend auf, wie ich es von Anfang an unter meinem Volk und in Jerusalem zugebracht habe, ist allen Juden bekannt, [5] die mich von früher kennen, wenn sie es bezeugen wollten.

Denn nach der strengsten Richtung unsres Glaubens habe ich gelebt als Pharisäer. [6] Und nun stehe ich hier und werde angeklagt wegen der Hoffnung auf die Verheißung, die unseren Vätern von Gott gegeben ist. [7] Auf sie hoffen die zwölf Stämme unsres Volkes, wenn sie Gott bei Tag und Nacht beharrlich dienen. Wegen dieser Hoffnung werde ich, o König, von den Juden beschuldigt. [8] Warum wird das bei euch für unglaublich gehalten, dass Gott Tote auferweckt?

[9] Zwar meinte auch ich selbst, ich müsste viel gegen den Namen Jesu von Nazareth tun. [10] Das habe ich in Jerusalem auch getan; dort brachte ich viele Heilige ins Gefängnis, wozu ich Vollmacht von den Hohepriestern empfangen hatte. Und wenn sie getötet werden sollten, gab ich meine Stimme dazu. [11] Und in allen Synagogen zwang ich sie oft durch Strafen zur

Apostelgeschichte 23,6:

[6] Da aber Paulus wusste, dass der eine Teil von den Sadduzäern, der andere aber von den Pharisäern war, rief er in dem Hohen Rat: Ihr Brüder, ich bin ein Pharisäer, ein Sohn von Pharisäern; wegen der Hoffnung und Auferstehung der Toten werde ich gerichtet.

---

[8] Römer 1,1

Lästerung und ich wütete maßlos gegen sie, verfolgte sie auch bis in die fremden Städte.

[12] Als ich darum nach Damaskus reiste mit Vollmacht und im Auftrag der Hohepriester, [13] sah ich mitten am Tage, o König, auf dem Weg ein Licht vom Himmel, heller als der Glanz der Sonne, das mich und die mit mir reisten, umleuchtete. [14] Als wir aber alle zu Boden stürzten, hörte ich eine Stimme zu mir reden, die sprach auf Hebräisch: Saul, Saul, was verfolgst du mich? Es wird dir schwer sein, wider den Stachel auszuschlagen. [15] Ich aber sprach: Herr, wer bist du?

Der Herr sprach: Ich bin Jesus, den du verfolgst; [16] steh nun auf und stell dich auf deine Füße. Denn dazu bin ich dir erschienen, um dich zu erwählen zum Diener und zum Zeugen für das, was du gesehen hast und wie ich dir erscheinen will. [17] Und ich will dich erretten von deinem Volk und von den Heiden, zu denen ich dich sende, [18] um ihre Augen aufzutun, dass sie sich bekehren von der Finsternis zum Licht und von der Gewalt des Satans zu Gott. So werden sie Vergebung der Sünden empfangen und das Erbteil mit denen, die geheiligt sind durch den Glauben an mich.

Markus 8, 31:

[31] Und er (Jesus) fing an, sie zu lehren: Der Sohn des Menschen muss vieles leiden und verworfen werden von den Ältesten und Hohepriestern und Schriftgelehrten und getötet werden und nach drei Tagen auferstehen.

[19] Daher, König Agrippa, war ich der himmlischen Erscheinung nicht ungehorsam, [20] sondern verkündigte zuerst denen in Damaskus und in Jerusalem, dann im ganzen Land Judäa und unter den Heiden, sie sollten Buße tun und sich zu Gott bekehren und rechtschaffene Werke der Buße tun. [21] Deswegen haben mich Juden im Tempel ergriffen und versucht, mich zu töten. [22] Aber Gottes Hilfe habe ich erfahren bis zum heutigen Tag und stehe nun hier und bin sein Zeuge bei Klein und Groß und sage nichts, als was die Propheten und Mose gesagt haben, dass es geschehen soll: [23] dass Christus müsse leiden und als Erster auferstehen von den Toten und verkündigen das Licht seinem Volk und den Heiden.

[24] Als er aber dies zu seiner Verteidigung sagte, sprach Festus mit lauter Stimme: Paulus, du bist von Sinnen! Das viele Studieren macht dich wahnsinnig. [25] Paulus aber sprach: Hochgeehrter Festus, ich bin nicht von Sinnen, sondern ich rede

wahre und vernünftige Worte. [26] Der König, zu dem ich frei und offen rede, versteht sich auf diese Dinge.

Denn ich bin gewiss, dass ihm nichts davon verborgen ist; denn dies ist nicht im Winkel geschehen. [27] Glaubst du, König Agrippa, den Propheten? Ich weiß, dass du glaubst. [28] Agrippa aber sprach zu Paulus: Es fehlt nicht viel, so wirst du mich noch überreden und einen Christen aus mir machen. [29] Paulus aber sprach: Ich wünschte vor Gott, dass über kurz oder lang nicht allein du, sondern alle, die mich heute hören, das würden, was ich bin, ausgenommen diese Fesseln.

[30] Da stand der König auf und der Statthalter und Berenike und die bei ihnen saßen. [31] Und als sie sich zurückzogen, redeten sie miteinander und sprachen: Dieser Mensch hat nichts getan, was Tod oder Gefängnis verdient hätte. [32] Agrippa aber sagte zu Festus: Dieser Mensch könnte freigelassen werden, wenn er sich nicht auf den Kaiser berufen hätte.

Kapitel 27: Paulus auf der Fahrt nach Rom

Lukas 8, 22-25:

[22] Und es geschah an einem der Tage, dass er in ein Boot stieg, er und seine Jünger; und er sprach zu ihnen: Lasst uns übersetzen an das jenseitige Ufer des Sees. Und sie fuhren ab. [23] Während sie aber fuhren, schlief er ein. Und es fiel ein Sturmwind auf den See, und das Boot füllte sich mit Wasser, und sie waren in Gefahr. [24] Sie traten aber hinzu und weckten ihn auf und sprachen: Meister, Meister, wir kommen um! Er aber stand auf, bedrohte den Wind und das Gewoge des Wassers; und sie legten sich, und es trat Stille ein. [25] Er aber sprach zu ihnen: Wo ist euer Glaube? Erschrocken aber erstaunten sie und sagten zueinander: Wer ist denn dieser, dass er auch den Winden und dem Wasser gebietet und sie ihm gehorchen?

[1] Als es aber beschlossen war, dass wir nach Italien fahren sollten, übergaben sie Paulus und einige andre Gefangene einem Hauptmann mit Namen Julius von der kaiserlichen Kohorte. [2] Wir bestiegen ein Schiff aus Adramyttion, das die Häfen der Provinz Asia anlaufen sollte, und fuhren ab; mit uns war auch Aristarch, ein Makedonier aus Thessalonich. [3] Und am nächsten Tag kamen wir in Sidon an; und Julius verhielt sich freundlich gegen Paulus und erlaubte ihm, zu seinen Freunden zu gehen und sich pflegen zu lassen.

[4] Und von da stießen wir ab und fuhren im Schutz von Zypern hin, weil uns die Winde entgegen waren, [5] und fuhren auf dem Meer entlang der Küste von Kilikien und Pamphylien und kamen nach Myra in Lykien. [6] Und dort fand der Hauptmann ein Schiff aus Alexandria, das nach Italien ging, und ließ uns darauf übersteigen. [7] Wir kamen aber viele Tage nur langsam vorwärts und gelangten mit Mühe bis auf die Höhe von Knidos, denn der Wind hinderte uns; und wir fuhren im Schutz von Kreta hin bei Salmone [8] und kamen kaum daran vorüber und gelangten an einen Ort, der »Guthafen« heißt; nahe dabei lag die Stadt Lasäa.

[9] Da nun viel Zeit vergangen war und die Schifffahrt bereits gefährlich wurde, weil auch das Fasten schon vorüber war, ermahnte sie Paulus [10] und sprach zu ihnen: Ihr Männer, ich sehe, dass diese Fahrt mit Leid und großem Schaden vor sich gehen wird, nicht allein für die Ladung und das Schiff, sondern auch für unser Leben. [11] Aber der Hauptmann glaubte dem Steuermann und dem Schiffsherrn mehr als dem, was Paulus sagte. [12] Und da der Hafen zum Überwintern ungeeignet war, bestanden die meisten von ihnen auf dem Plan, von dort weiterzufahren und zu versuchen, ob sie zum Überwintern bis nach Phönix kommen könnten, einem Hafen auf Kreta, der gegen Südwest und Nordwest offen ist.

[13] Als aber ein Südwind wehte, meinten sie, ihr Vorhaben wäre schon gelungen; sie lichteten den Anker und fuhren nahe an Kreta entlang. [14] Nicht lange danach aber brach von der Insel her ein Sturmwind los, den man Nordost nennt.

¹⁵ Und da das Schiff ergriffen wurde und nicht mehr gegen den Wind gerichtet werden konnte, gaben wir auf und ließen uns treiben.

¹⁶ Wir kamen aber an einer Insel vorbei, die Kauda heißt, da konnten wir mit Mühe das Beiboot in unsre Gewalt bekommen. ¹⁷ Sie zogen es herauf und umspannten zum Schutz das Schiff mit Seilen. Da sie aber fürchteten, in die Syrte zu geraten, ließen sie den Treibanker herunter und trieben so dahin. ¹⁸ Da wir großes Ungewitter erlitten, warfen sie am nächsten Tag Ladung ins Meer. ¹⁹ Und am dritten Tag warfen sie mit eigenen Händen das Schiffsgerät hinaus. ²⁰ Da aber viele Tage weder Sonne noch Sterne schienen und ein gewaltiges Ungewitter uns bedrängte, war all unsre Hoffnung auf Rettung dahin.

²¹ Niemand wollte mehr essen; da trat Paulus mitten unter sie und sprach: Ihr Männer, man hätte auf mich hören sollen und nicht von Kreta aufbrechen, dann wären uns dieses Leid und der Schaden erspart geblieben. ²² Doch nun ermahne ich euch: Seid unverzagt; denn keiner von euch wird umkommen, nur das Schiff wird untergehen. ²³ Denn diese Nacht trat zu mir der Engel des Gottes, dem ich gehöre und dem ich diene, ²⁴ und sprach: Fürchte dich nicht, Paulus, du musst vor den Kaiser gestellt werden; und siehe, Gott hat dir geschenkt alle, die mit dir fahren. ²⁵ Darum, ihr Männer, seid unverzagt; denn ich glaube Gott, es wird so geschehen, wie mir gesagt ist. ²⁶ Wir müssen aber auf eine Insel auflaufen.

²⁷ Als aber die vierzehnte Nacht kam, seit wir in der Adria trieben, wähnten die Schiffsleute um Mitternacht, dass sich ihnen Land näherte. ²⁸ Und sie warfen das Senkblei aus und fanden es zwanzig Faden tief; und ein wenig weiter loteten sie abermals und fanden es fünfzehn Faden tief. ²⁹ Da fürchteten sie, wir würden auf Klippen geraten, und warfen hinten vom Schiff vier Anker aus und wünschten, dass es Tag würde. ³⁰ Als aber die Schiffsleute vom Schiff zu fliehen suchten und das Beiboot ins Meer herabließen und vorgaben, sie wollten auch vorne die Anker herunterlassen, ³¹ sprach Paulus zu dem Hauptmann und zu den Soldaten: Wenn diese nicht auf dem

²² Und es geschah an einem der Tage, dass er in ein Boot stieg, er und seine Jünger; und er sprach zu ihnen: Lasst uns übersetzen an das jenseitige Ufer des Sees. Und sie fuhren ab. ²³ Während sie aber fuhren, schlief er ein. Und es fiel ein Sturmwind auf den See, und das Boot füllte sich mit Wasser, und sie waren in Gefahr. ²⁴ Sie traten aber hinzu und weckten ihn auf und sprachen: Meister, Meister, wir kommen um! Er aber stand auf, bedrohte den Wind und das Gewoge des Wassers; und sie legten sich, und es trat Stille ein. ²⁵ Er aber sprach zu ihnen: Wo ist euer Glaube? Erschrocken aber erstaunten sie und sagten zueinander: Wer ist denn dieser, dass er auch den Winden und dem Wasser gebietet und sie ihm gehorchen?

Schiff bleiben, könnt ihr nicht gerettet werden. [32] Da hieben die Soldaten die Taue ab und ließen das Beiboot ins Meer fallen.

[33] Und als es anfing, hell zu werden, ermahnte Paulus sie alle, Nahrung zu sich zu nehmen, und sprach: Es ist heute der vierzehnte Tag, dass ihr wartet und ohne Nahrung geblieben seid und nichts zu euch genommen habt.

[34] Darum ermahne ich euch, etwas zu essen; denn das dient zu eurer Rettung; es wird keinem von euch ein Haar vom Haupt fallen. [35] Und als er das gesagt hatte, nahm er Brot, dankte Gott vor ihnen allen und brach's und fing an zu essen. [36] Da wurden sie alle guten Mutes und nahmen auch Nahrung zu sich. [37] Wir waren aber alle zusammen im Schiff zweihundertsechsundsiebzig Seelen. [38] Und nachdem sie satt geworden waren, erleichterten sie das Schiff und warfen das Getreide in das Meer.

[39] Als es aber Tag wurde, kannten sie das Land nicht; einer Bucht aber wurden sie gewahr, die hatte ein flaches Ufer. Dahin wollten sie das Schiff treiben lassen, wenn es möglich wäre.

[40] Und sie hieben die Anker ab und ließen sie im Meer, banden die Taue der Steuerruder los, richteten das Segel nach dem Wind und hielten auf das Ufer zu. [41] Und als sie auf eine Sandbank gerieten, ließen sie das Schiff auflaufen und das Vorderschiff bohrte sich ein und saß fest, aber das Hinterschiff zerbrach unter der Gewalt der Wellen.

[42] Die Soldaten aber hatten vor, die Gefangenen zu töten, damit niemand fortschwimmen und entfliehen könne. [43] Aber der Hauptmann wollte Paulus am Leben erhalten und wehrte ihrem Vorhaben und ließ, die da schwimmen konnten, als Erste ins Meer springen und sich ans Land retten, [44] die andern aber einige auf Brettern, einige auf dem, was noch vom Schiff da war. Und so geschah es, dass sie alle gerettet ans Land kamen.

Kapitel 28: Auf der Insel Malta

[1] Und als wir gerettet waren, erfuhren wir, dass die Insel Malta hieß. [2] Die Leute da erwiesen uns nicht geringe Freundlichkeit, zündeten ein Feuer an und nahmen uns alle auf wegen des Regens, der über uns gekommen war, und wegen der Kälte. [3] Als nun Paulus einen Haufen Reisig zusammenraffte und aufs Feuer legte, fuhr wegen der Hitze eine Schlange heraus und biss sich an seiner Hand fest.

[4] Als aber die Leute das Tier an seiner Hand hängen sahen, sprachen sie untereinander: Dieser Mensch muss ein Mörder sein, den die Göttin der Rache nicht leben lässt, obgleich er dem Meer entkommen ist. [5] Er aber schlenkerte das Tier ins Feuer, und es widerfuhr ihm nichts Übles. [6] Sie aber warteten, dass er anschwellen oder plötzlich tot umfallen würde. Als sie nun lange gewartet hatten und sahen, dass ihm nichts Schlimmes widerfuhr, änderten sie ihre Meinung und sagten, er wäre ein Gott.

[7] In dieser Gegend hatte der angesehenste Mann der Insel, mit Namen Publius, Landgüter; der nahm uns auf und beherbergte uns drei Tage lang freundlich. [8] Es geschah aber, dass der Vater des Publius am Fieber und an der Ruhr darniederlag. Zu dem ging Paulus hinein und betete und legte ihm die Hände auf und machte ihn gesund. [9] Als das geschehen war, kamen auch der anderen Kranker der Insel herbei und ließen sich gesund machen. [10] Und sie erwiesen uns große Ehre; und als wir abfuhren, gaben sie uns mit, was wir nötig hatten.

[11] Nach drei Monaten aber fuhren wir ab mit einem Schiff aus Alexandria, das bei der Insel überwintert hatte und das Zeichen der Zwillinge führte. [12] Und als wir nach Syrakus kamen, blieben wir drei Tage da. [13] Von da fuhren wir die Küste entlang und kamen nach Rhegion; und da am nächsten Tag der Südwind sich erhob, kamen wir in zwei Tagen nach Puteoli. [14] Dort fanden wir Brüder und Schwestern und wurden von ihnen gebeten, dass wir sieben Tage dablieben. Und so kamen wir nach Rom. [15] Von dort kamen die Brüder, die von uns gehört hatten, uns entgegen bis Forum Appii und Tres-Tabernae. Als Paulus sie sah, dankte er Gott und gewann Zuversicht.

¹⁶ Als wir nun nach Rom hineinkamen, wurde Paulus erlaubt, für sich allein zu wohnen mit dem Soldaten, der ihn bewachte.

¹⁷ Es geschah aber nach drei Tagen, dass Paulus die Angesehensten der Juden bei sich zusammenrief. Als sie zusammengekommen waren, sprach er zu ihnen: Ihr Männer, liebe Brüder, ich habe nichts getan gegen unser Volk und die Ordnungen der Väter und bin doch als Gefangener aus Jerusalem überantwortet in die Hände der Römer. ¹⁸ Diese wollten mich losgeben, nachdem sie mich verhört hatten, weil nichts gegen mich vorlag, das den Tod verdient hätte. ¹⁹ Da aber die Juden widersprachen, war ich genötigt, mich auf den Kaiser zu berufen, doch nicht, als hätte ich mein Volk wegen etwas zu verklagen. ²⁰ Aus diesem Grund habe ich darum gebeten, dass ich euch sehen und zu euch sprechen könnte; denn um der Hoffnung Israels willen trage ich diese Ketten.

²¹ Sie aber sprachen zu ihm: Wir haben deinetwegen weder Briefe aus Judäa empfangen noch ist ein Bruder gekommen, der über dich etwas Schlechtes berichtet oder gesagt hätte. ²² Wir wünschen aber von dir zu hören, was du denkst; denn von dieser Sekte ist uns bekannt, dass ihr an allen Enden widersprochen wird. ²³ Und als sie ihm einen Tag bestimmt hatten, kamen viele zu ihm in die Herberge. Da erklärte und bezeugte er ihnen das Reich Gottes und predigte ihnen von Jesus aus dem Gesetz des Mose und aus den Propheten vom frühen Morgen bis zum Abend. ²⁴ Die einen ließen sich überzeugen von dem, was er sagte, die andern aber glaubten nicht.

²⁵ Sie waren aber untereinander uneins und gingen weg, als Paulus dies eine Wort gesagt hatte: Mit Recht hat der Heilige Geist durch den Propheten Jesaja zu euren Vätern gesprochen (Jesaja 6,9-10): ²⁶ »Geh hin zu diesem Volk und sprich: Mit den Ohren werdet ihr's hören und nicht verstehen; und mit Augen werdet ihr's sehen und nicht erkennen. ²⁷ Denn das Herz dieses Volkes ist verfettet, und mit ihren Ohren hören sie schwer, und ihre Augen haben sie geschlossen, auf dass sie nicht sehen mit den Augen und hören mit den Ohren und verstehen mit dem Herzen und sich bekehren, und ich sie

heile.« [28] So sei es euch kundgetan, dass den Heiden dies Heil Gottes gesandt ist; und sie werden hören.

[30] Paulus aber blieb zwei volle Jahre in seiner eigenen Wohnung und nahm alle auf, die zu ihm kamen, [31] predigte das Reich Gottes und lehrte von dem Herrn Jesus Christus mit allem Freimut ungehindert.

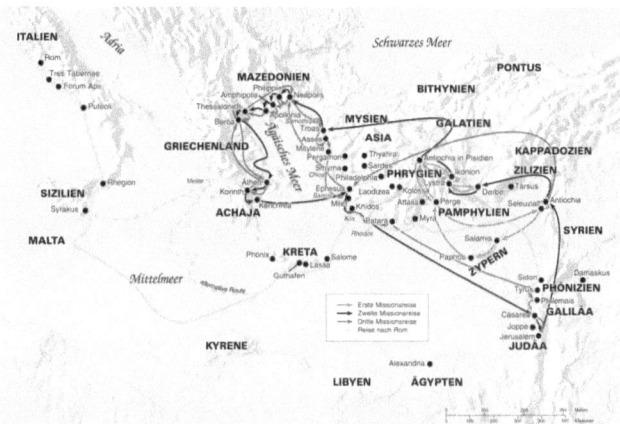

Abbildung 1: Die Missionsreisen des Paulus.

Abbildung 2: Die Reiseroute: Paulus auf dem Weg nach Rom.

Teil A
Das Gesetz
Der Römerbrief

1 Gott gibt sich als Maß zu erkennen

1	Gott ist als Schöpfer in der Schöpfung zu erkennen.
2	Gott hat seinen Willen offenbart.
3	Jeder im Kontext jüdischen UND christlichen Lebens kann sich jederzeit darüber informieren und entsprechend handeln.
4	Aus [1] und [2] folgt: Wer Gott als Schöpfer leugnet und nicht entsprechend handelt, tut dies bewusst und muss sich auch bewusst sein, dass, wenn [1] und [2] gelten, das Nicht-Beachten Konsequenzen nach sich ziehen kann.[9]
5	Die, die die Wahrheit niederhalten, konzentrieren sich auf Nichtigkeiten und erhöhen Geschaffenes.[10,11]
6	Aus [3] und [4] folgt: Wer Gott als Schöpfer leugnet und die Wahrheit niederhält, verfinstert sein Herz.
7	Menschen, die so handeln, bezeichnen sich oft als weise, aber werden zu Narren[12]. Wer die Wahrheit leugnet, hofiert die Sünde.

Prämissen für den Römerbrief

Für Paulus steht fest:

Die Gesetze Gottes sind nicht dazu da, den Menschen in seiner Freiheit einzuschränken oder zu behindern.

Die Gesetze Gottes sind ein allumfassendes Wertsystem, in dessen Mittelpunkt die Liebe steht.

Gottes Gesetze sind nicht verhandelbar.

Gottes Wille ist offenbart.

1.1 Das Zeugnis der Schöpfung

Gott ist als Schöpfer jederzeit in der Schöpfung zu erkennen: Wenn wir die Schöpfung bewusst betrachten, so schreibt Paulus, müssen wir eigentlich ohne das Zutun eines Lehrers auf den Gedanken der Existenz eines Schöpfers kommen. Das muss (noch) nicht explizit ein Schöpfergott sein, der mit den Menschen einen besonderen (Heils-)Plan verfolgt, sondern ein Wesen, das als Ursprung gilt. Ein Gedanke, der zu vielen Kontroversen geführt hat und noch immer dazu führt.

1.2 Auf der Suche nach dem «Anfang des Beginns»

Es wurden und werden Theorien postuliert, bewiesen, verworfen und neu formuliert, die allein und einzig den Schöpfungsgedanken gelten lassen[13]. Theorien werden aufgestellt, die allein die Schaffung der Materie nur und ausschließlich

---

[9] In Römer 1, 18-19 spricht Paulus von denen, die «die Wahrheit durch Ungerechtigkeit niederhalten, weil das von Gott Erkennbare unter ihnen offenbar ist, denn Gott hat es ihnen offenbart»
[10] Daniel 3
[11] 5. Mose 5,7-10
[12] Römer 1, 22
[13] Biblischer Schöpfungsbericht

<u>aus sich selbst</u> gelten lassen[14], und: Es werden Lehren formuliert, die diese zwei Pole miteinander zu verheiraten suchen[15].

In der Theologie- und Philosophiegeschichte gibt es auch vielfältige Versuche, den biblischen Schöpfungsbericht, den darin enthaltenen Schöpfungsgedanken und die bewusst ausgeführte Schöpfungstat <u>auch</u> rational – <u>nicht nur</u> aus dem Glauben heraus - zu begründen.

1.3   Urknall und Ursuppe

So formulierte bereits Aristoteles 400 vor Christus seinen Gottesbeweis des «Unbewegten Bewegers», den später Thomas von Aquin (1225 – 1275) in seinen fünf Gottesbeweisen[16] aufgriff. In dieser Beweisführung wird Veränderung – und darin eingeschlossen Werden und Vergehen – als Bewegung verstanden. Es wird argumentiert, dass nichts allein aus sich heraus – ohne Zutun einer internen oder externen Kraftquelle – bewegt wird oder sich bewegt. Aristoteles stellt daher ein unsinnliches, ewiges Wesen an den Beginn, Thomas von Aquin nennt dieses Wesen Gott.

Was nun für den vorchristlichen Philosophen oder den Theologen des Mittelalters galt, mag uns noch immer schlüssig erscheinen: Wer hat den Urknall gezündet? Wer die Ursuppe gekocht? Oder, wenn man sich die belebte Materie ansieht: Wer hat jeder einzelnen Zelle die unendliche Fülle an Information auf kleinstem Raum eingepflanzt?

1.4   Die Existenz von Information als Gottesbeweis?

Die Existenz der Information mag der stichhaltigste Beweis für die Existenz eines Schöpfers sein: Man kann ein Speichermedium noch so lange neben den leistungsstärksten Rechner le-

---

[14] Urknalltheorie, Evolutionstheorie, Theorie der Ursuppe und weitere

[15] Pierre Teilhard de Chardin, Der Mensch im Kosmos: Der Versuch die Evolutionstheorie mit der christlichen Heilslehre in Einklang zu bringen.

[16] «unbewegter Beweger», «Ursache ohne Ursache», «Kosmologisches Argument», «Argument der Stufungen», Teleologisches Argument»

gen, wenn niemand den Befehl gibt, Information auf den Datenträger zu überspielen, wird dieser für immer leer und ohne Information bleiben.

1.5 Gott als Ursprung der belebten und unbelebten Materie

Für Paulus stellt sich diese Frage nach dem Beginn der Welt, dem Ursprung der Dinge nicht. Für ihn gibt es nur eine logische Antwort jenseits von Ursuppe und Urknall: Gott hat «sein unsichtbares Wesen, sowohl seine ewige Kraft[17] als auch seine Göttlichkeit (...) seit der Erschaffung der Welt in dem Gemachten» offenbart.[18]

Gott hat auch den Menschen als Statthalter eingesetzt, um seine Schöpfung zu bewahren.

1.6 Sünde: Bewusste Nicht-Beachtung des Schöpfers

Daher sieht Paulus auch den Ursprung der Sünde aus dem Schöpfungsgedanken heraus als die bewusste Nicht-Beachtung des Schöpfers. Indem Gottes Wille, den er allen Menschen direkt oder indirekt kommuniziert hat, geleugnet wird, entsteht Sünde.

Indem der Mensch Niedriges oder Geschaffenes (Nichtigkeiten) erhöht und/oder überhöht, gerät er auf die schiefe Bahn, da die Wahrheit – offenbart in Gottes Gesetz – nicht mehr im Mittelpunkt des Handelns steht: Der moralische Kompass gerät in Schieflage.

Psalm 8:

4 Wenn ich anschaue deinen Himmel, deiner Finger Werk, den Mond und die Sterne, die du bereitet hast: 5 Was ist der Mensch, dass du sein gedenkst, und des Menschen Sohn, dass du dich um ihn kümmerst? 6 Denn du hast ihn wenig geringer gemacht als Engel, mit Herrlichkeit und Pracht krönst du ihn. 7 Du machst ihn zum Herrscher über die Werke deiner Hände.

---

[17] «Im Anfang schuf Gott den Himmel und die Erde», 1.Mose 1, 1,2
[18] Römer 1, 20

DER BRIEF AN DIE RÖMER, Kapitel 1

[1] Paulus, Knecht Christi Jesu, berufen zum Apostel, ausgesondert, das Evangelium Gottes zu verkünden, [2] das er durch seine Propheten im Voraus verheißen hat in heiligen Schriften: [3] das Evangelium von seinem Sohn, der dem Fleisch nach geboren ist als Nachkomme Davids, [4] der dem Geist der Heiligkeit nach eingesetzt ist als Sohn Gottes in Macht seit der Auferstehung von den Toten, das Evangelium von Jesus Christus, unserem Herrn. [5] Durch ihn haben wir Gnade und Apostelamt empfangen, um unter allen Heiden Glaubensgehorsam aufzurichten um seines Namens willen; [6] unter ihnen lebt auch ihr, die ihr von Jesus Christus berufen seid. [7] An alle in Rom, die von Gott geliebt sind, die berufenen Heiligen: Gnade sei mit euch und Friede von Gott, unserem Vater, und dem Herrn Jesus Christus.

[8] Zunächst danke ich meinem Gott durch Jesus Christus für euch alle, weil euer Glaube in der ganzen Welt bekannt gemacht wird. [9] Denn Gott, dem ich mit der Verkündigung des Evangeliums von seinem Sohn mit ganzem Herzen diene, ist mein Zeuge: Unablässig denke ich an euch [10] in allen meinen Gebeten und bitte darum, es möge mir durch Gottes Willen endlich gelingen, zu euch zu kommen. [11] Denn ich sehne mich danach, euch zu sehen; ich möchte euch ein wenig mit geistlicher Gnadengabe beschenken, damit ihr gestärkt werdet, [12] oder besser: damit wir, wenn ich bei euch bin, miteinander Zuspruch empfangen durch den gemeinsamen Glauben, euren und meinen. [13] Ihr sollt wissen, Brüder und Schwestern, dass ich mir schon oft vorgenommen habe, zu euch zu kommen, aber bis heute daran gehindert wurde; denn wie bei den anderen Heiden soll meine Arbeit auch bei euch etwas Frucht bringen. [14] Griechen und Nichtgriechen, Gebildeten und Ungebildeten bin ich verpflichtet; [15] deshalb bin ich, soviel an mir liegt, bereit, auch euch in Rom das Evangelium zu verkünden. [16] Denn ich schäme mich des Evangeliums nicht: Es ist eine Kraft Gottes zur Rettung für jeden, der glaubt, zuerst für den Juden, aber ebenso für den Griechen. [17] Denn in ihm wird die Gerechtigkeit Gottes offenbart aus Glauben zum Glauben, wie geschrieben steht: Der aus Glauben Gerechte wird leben.

[18] Denn der Zorn Gottes wird vom Himmel herab offenbart wider alle Gottlosigkeit und Ungerechtigkeit der Menschen, die die Wahrheit durch Ungerechtigkeit niederhalten. [19] Denn es ist ihnen offenbar, was man von Gott erkennen kann; Gott hat es ihnen offenbart. [20] Seit Erschaffung der Welt wird nämlich seine unsichtbare Wirklichkeit an den Werken der Schöpfung mit der Vernunft wahrgenommen, seine ewige Macht und Gottheit. Daher sind sie unentschuldbar. [21] Denn obwohl sie Gott erkannt haben, haben sie ihn nicht als Gott geehrt und ihm nicht gedankt, sondern verfielen in ihren Gedanken der Nichtigkeit und ihr unverständiges Herz wurde verfinstert.

[22] Sie behaupteten, weise zu sein, und wurden zu Toren [23] und sie vertauschten die Herrlichkeit des unvergänglichen Gottes mit Bildern, die einen vergänglichen Menschen und fliegende, vierfüßige und kriechende Tiere darstellen. [24] Darum lieferte Gott sie durch die Begierden ihres Herzens der Unreinheit aus, sodass sie ihren Leib durch ihr eigenes Tun entehrten. [25] Sie vertauschten die Wahrheit Gottes mit der Lüge, sie beteten das Geschöpf an und verehrten es anstelle des Schöpfers - gepriesen ist er in Ewigkeit. Amen.

[26] Darum lieferte Gott sie entehrenden Leidenschaften aus: Ihre Frauen vertauschten den natürlichen Verkehr mit dem widernatürlichen; [27] ebenso gaben auch die Männer den natürlichen Verkehr mit der Frau auf und entbrannten in Begierde zueinander; Männer treiben mit Männern Unzucht und erhalten den ihnen gebührenden Lohn für ihre Verirrung. [28] Und da sie es nicht für wert erachteten, sich gemäß ihrer Erkenntnis an Gott zu halten, lieferte Gott sie einem haltlosen Denken aus, sodass sie tun, was sich nicht gehört:

[29] Sie sind voll Ungerechtigkeit, Schlechtigkeit, Habgier und Bosheit, voll Neid, Mord, Streit, List und Tücke, sie verleumden [30] und treiben üble Nachrede, sie hassen Gott, sind überheblich, hochmütig und prahlerisch, erfinderisch im Bösen und ungehorsam gegen die Eltern, [31] sie sind unverständig und haltlos, ohne Liebe und Erbarmen. [32] Sie erkennen, dass Gottes Rechtsordnung bestimmt: Wer so handelt, verdient den Tod. Trotzdem tun sie es nicht nur selbst, sondern stimmen bereitwillig auch denen zu, die so handeln.

2 Erkennen, Kenntnis und Bekanntschaft

1	Gott will alle Menschen erreichen.
2	Alle Menschen haben die Möglichkeit, Gott zu erkennen, sei es aus den Schriften oder allein aus der Schöpfung.
3	Gott bevorzugt nicht.
4	Dennoch ist Israel in einer besonderen Position: «Gottes Volk» muss Gott nicht aus der Schöpfung erkennen, sondern hat Kenntnis, aus der Schrift und Bekanntschaft im persönlichen Umgang[19].
5	Was zur Zeit des Paulus für die Juden gilt, gilt in nachpaulinischer Zeit auch für die Christen. Zusätzlich zu den Erfahrungsberichten des Alten Testaments haben Christen aber auch das Neue Testament als «Quell der Erkenntnis». Zudem haben sie auch das Zeugnis der Zeitgenossen.
6	Aus [4] und [5] folgt: Es gibt Menschen – die von Gott zwar nicht bevorzugt werden – die aber eine bevorzugte, weil direkte(re) Position der Erkenntnis besitzen.
7	Aus [4[und [5] entstehen aber auch besondere Pflichten.
8	Es bedeutet NICHT, das Gesetz zu kennen oder es sogar zu lehren, wenn man sein TUN nicht danach ausrichtet: Gott zu kennen, aber nicht entsprechend handeln, bedeutet NICHTS-TUN.
9	Bewusstes Nicht-Tun in Bezug auf Gott und Gottes Gesetze ist Sünde.

Um zu glauben, braucht es keine primäre, persönliche Gotteserfahrung: Gott offenbart sich in der Schöpfung. In diesem Verständnis bedeutet Glaube in erster Linie anzunehmen – im Sinne von akzeptieren, dass Gott Ursprung aller Dinge ist.

- Zu dieser Überzeugung kann jede Person gelangen (muss aber nicht), indem sie die Texte der Bibel studiert. Indem sie die darin enthaltenen Aussagen überprüft, ob sie einen Sinn ergeben, ob historische Daten auch in anderen Quellen erwähnt werden.

---

[19] Mittelbare versus unmittelbare Erkenntnis

- Jeder kann zu dieser Überzeugung gelangen (muss aber nicht), indem er/sie die <u>entgegen-stehenden Theorien ebenfalls kritisch hinterfragt</u>, auf ihre Logik hin überprüft: Wie lange haben/hatten die einzelnen Theorien bestand, bevor sie widerlegt, angepasst oder ersetzt wurden/werden?

2.1 Von Gott hören

Der Mensch kann aber auch nach Zeugen suchen – für die eine, wie für die andere Theorie. Wir können die Natur und ihre komplexen Regeln des Zusammenwirkens betrachten und befragen. Wir können nach Erfahrung suchen, nach persönlicher oder nach vermittelter.

Was wir auch tun – oder was wir auch unterlassen – wir können zum Glauben an Gott direkt, aber auch indirekt kommen.

Wir können aber auch zu einem gegenteiligen Entschluss kommen. Darin sind wir völlig frei.

<u>Wie wir uns auch entscheiden, eins können wir in Folge jedoch nicht: Behaupten, wir hätten von Gott als Ursprung der Dinge noch nie gehört. Das gilt ebenfalls, wenn wir die Existenz Gottes als Atheisten rundweg ablehnen.</u>

DER BRIEF AN DIE RÖMER, Kapitel 2

[1] Darum bist du unentschuldbar - wer du auch bist, o Mensch -, wenn du richtest. Denn worin du den andern richtest, darin verurteilst du dich selbst, weil du, der Richtende, dasselbe tust. [2] Wir wissen aber, dass Gottes Gericht über alle, die solche Dinge tun, der Wahrheit entspricht. [3] Meinst du etwa, o Mensch, du könntest dem Gericht Gottes entrinnen, wenn du die richtest, die solche Dinge tun, und dasselbe tust wie sie? [4] Oder verachtest du den Reichtum seiner Güte, Geduld und Langmut? Weißt du nicht, dass Gottes Güte dich zur Umkehr treibt? [5] Weil du aber starrsinnig bist und dein Herz nicht umkehrt, sammelst du Zorn gegen dich für den Tag des Zornes, den Tag der Offenbarung von Gottes gerechtem Gericht. [6] Er wird jedem vergelten, wie es seine Taten verdienen: [7] Denen, die beharrlich Gutes tun und Herrlichkeit, Ehre und Unvergänglichkeit erstreben, gibt er ewiges Leben, [8] denen aber, die selbstsüchtig sind und nicht der Wahrheit gehorchen, sondern der Ungerechtigkeit, widerfährt Zorn und Grimm. [9] Not und Bedrängnis wird das Leben eines jeden Menschen treffen, der das Böse tut, zuerst den Juden, aber ebenso den Griechen; [10] doch Herrlichkeit, Ehre und Friede werden jedem zuteil, der das Gute tut, zuerst dem Juden, aber ebenso dem Griechen; [11] denn es gibt bei Gott kein Ansehen der Person.

[12] Denn die ohne das Gesetz sündigten, werden auch ohne das Gesetz zugrunde gehen, und die unter dem Gesetz sündigten, werden durch das Gesetz gerichtet werden. [13] Denn nicht die sind vor Gott gerecht, die das Gesetz hören, sondern die das Gesetz tun; die werden für gerecht erklärt werden. [14] Denn wenn Heiden, die das Gesetz nicht haben, von Natur aus das tun, was im Gesetz gefordert ist, so sind sie, die das Gesetz nicht haben, sich selbst Gesetz. [15] Sie zeigen damit, dass ihnen die Forderung des Gesetzes ins Herz geschrieben ist; ihr Gewissen legt Zeugnis davon ab, ihre Gedanken klagen sich gegenseitig an und verteidigen sich - [16] an jenem Tag, an dem Gott, wie ich es in meinem Evangelium verkünde, das, was im Menschen verborgen ist, durch Jesus Christus richten wird.

[17] Wenn du dich aber Jude nennst, dich auf das Gesetz verlässt und dich Gottes rühmst, [18] seinen Willen kennst und, belehrt aus dem Gesetz, zu beurteilen weißt, worauf es ankommt; [19] wenn du dir zutraust, Führer zu sein für Blinde, Licht für die in der Finsternis, [20] Erzieher der Unverständigen, Lehrer der Unmündigen, da du im Gesetz die Verkörperung von Erkenntnis und Wahrheit besitzt. - [21] Du belehrst also andere Menschen, aber dich selbst belehrst du nicht? Du predigst: Du sollst nicht stehlen! und du stiehlst? [22] Du sagst: Du sollst die Ehe nicht brechen! und brichst sie? Du verabscheust die Götzenbilder, begehst aber Tempelraub? [23] Du rühmst dich des Gesetzes, entehrst aber Gott durch Übertreten des Gesetzes. [24] Denn euretwegen wird unter den Heiden der Name Gottes gelästert, wie geschrieben steht.

[25] Die Beschneidung ist nämlich nützlich, wenn du das Gesetz befolgst; übertrittst du jedoch das Gesetz, so bist du trotz deiner Beschneidung zum Unbeschnittenen geworden. [26] Wenn aber der Unbeschnittene die Forderungen des Gesetzes beachtet, wird dann nicht sein Unbeschnittensein als Beschneidung angerechnet werden? [27] Der leiblich Unbeschnittene, der das Gesetz erfüllt, wird dich richten, weil du trotz Buchstabe und Beschneidung ein Übertreter des Gesetzes bist. [28] Denn Jude ist nicht, wer es nach außen hin ist, und Beschneidung ist nicht, was sichtbar am Fleisch geschieht, [29] sondern Jude ist, wer es im Verborgenen ist, und Beschneidung ist, was am Herzen durch den Geist, nicht durch den Buchstaben geschieht. Der Ruhm eines solchen Juden kommt nicht von Menschen, sondern von Gott.

3 Gesetzestreue, Glaube und Gnade

1	Es sind nicht die Hörer des Gesetzes gerecht vor Gott, sondern die Täter werden gerechtfertigt werden.
2	Es sind auch nicht die Zeichen-Träger des Gesetzes per se gerecht.
3	Durch die Kenntnis des Gesetzes wird JEDER zum Gesetzesübertreter.
4	Gesetzesübertretungen werden geahndet.
5	Allein dem Buchstaben nach kann niemand ohne Sünde sein.
6	Wer das Gesetz, die Schrift – «Neues Testament», wie auch «Altes Testament» – nicht kennt, steht auch nicht unter dem Gesetz.

Der Mensch kann also die Existenz Gottes nicht rundweg ablehnen. Gut. Jedoch kann der einzelne Mensch von den Gesetzen Gottes noch nie etwas gehört haben. Dies vorausgesetzt, schreibt Paulus sinngemäß: Wer das Gesetz, die Schrift – «Neues Testament», wie auch «Altes Testament» – nicht kennt, steht auch nicht unter dem Gesetz[20]. Er folgert daraus aber auch konsequent: Durch die Kenntnis des Gesetzes aber wird JEDER zum Gesetzesübertreter.

Diese Überlegung birgt Zündstoff in sich, denn folgende Frage muss in diesem Zusammenhang gestattet sein: Da erst die Kenntnis des Gesetzes die Sünde offenbart - ist somit das Gesetz schuld, dass Menschen sündigen? Scharf gefragt und formuliert: Kam erst durch das Gesetz die Sünde in die Welt?

3.1 Gesetz und Sünde - Schuld und Sühne

Wo kein Kläger, da kein Richter. Wo kein Gesetz, da keine Übertretung. WO KEINE VORSCHRIFT, DA KEIN ZWANG. Ist also die reine Existenz des Gesetzes schuld, dass die Menschheit den Zorn Gottes[21] befürchten muss? Und: Hat nicht Gott das Gesetz geschaffen? Hat Gott das Gesetz eingeführt, um die Menschen ins Verderben zu stürzen?

---

[20] Diese Aussage birgt aber auch die Verpflichtung, bei Kenntnis des Gesetzes diesem entsprechend zu handeln.
[21] Offenbarung 6-20

Harter Tobak. Paulus meint hier bestimmt nicht die einzelnen, kleinen oder grossen Gesetzesübertretungen. Er denkt hier vielmehr an eine allgemeine Einstellung oder Gesinnung, die sündhaft ist, weil sie sich gegen Gott wendet. Diese gegen Gott gerichtete Gesinnung, war aber schon <u>vor dem Gesetz vorhanden</u>. Das Gesetz[22] soll nur wieder ein Raster, eine Richtschnur, einen Kompass zur Verfügung stellen, <u>damit die Menschen wieder in Freundschaft zu und in Einheit und Freiheit mit Gott leben. Dazu wurde das Gesetzt in Kraft gesetzt</u>.

Da aber Gott weiß, dass sich die Menschen nicht aus eigener Kraft erlösen, nicht aus eigener Kraft ihre Schuld sühnen können, deshalb kam Jesus auf die Welt. Jesus ist die menschgewordene, ausgestreckte Hand Gottes, die uns zur Versöhnung gereicht wird.

Diese Geste der Versöhnung überdauert auch Tiefschläge. Diese Geste der Versöhnung ist es, was wir als Gnade Gottes begreifen. Um in Gottes Gnade zu stehen, ist aber die rechte Gesinnung ausschlaggebend. <u>Es ist die Überzeugung des Einzelnen, die im Mittelpunkt steht</u>[23], <u>die Tiefschläge überdauern kann und Schuld «vergebbar»[24] macht</u>, nicht das Kalkül, eine erzwungene, unwillige Gesetzestreue oder äussere Symbole.

Und was zu Paulus' Zeiten für die Beschneidung galt, gilt in nachpaulinischer Zeit auch für die Taufe: Beschneidung und Taufe werden ohne Gesetztestreue[25] zu inhaltlosen Symbolen.

1 Johannes 4:
[10] Darin besteht die Liebe: nicht, dass wir Gott geliebt haben, sondern dass er uns geliebt hat und gesandt seinen Sohn zur Versöhnung für unsre Sünden.

---

[22] Dekalog, 5 Mose 5, 6-22
[23] Lukas 23, 39-42
[24] Lukas 23, 43
[25] Paulus bezog sich bei Gesetzestreue nicht auf kultische Gesetze.

1	Der Erlösungstod von Jesus gilt primär allen Menschen. Da ist kein Unterschied zwischen Juden oder Christen, Hindus oder Moslems, Gläubigen oder Nicht-Gläubigen.
2	Glaube bewirkt Gnade.
3	Gnade bewirkt Rechtfertigung.
4	Glaube steht nicht über dem Gesetz. Gesetzeswerke bestätigen den Glauben.

Glaube bewirkt Gnade. Das ist eine starke Aussage, denn allein aus Gnade können Menschen gerechtfertigt werden. Gerechtfertigt im Sinne von freigesprochen, erlöst, erhöht. Wenn aber nun Glaube und rechte Gesinnung Gnade bewirken und Gnade wiederum Erlösung – wo bleiben dann Gesetz, Gesetzestreue und Gesetzeswerke? Könnte nicht darauf verzichtet werden?

3.2 Glaube und Gnade

Nein. Denn der Glaube steht nicht über dem Gesetz. Im Gegenteil, Glaube schließt Gesetzestreue mit ein. Logischerweise bezeugen dann Gesetzeswerke – aus Überzeugung, nicht aus Kalkül – den Glauben: Durch den Glauben wird das Gesetz nicht aufgehoben, sondern bestätigt und Gnade erwirkt[26].

3.3 Glaube – Gesetzestreue – Gnade

Glaube, Gesetzestreue und Gnade: Diese drei Substantive sind untrennbar miteinander verbunden[27]. Wie der Glaube die Gnade bewirkt, so bedingt die Gnade den Glauben. Glaube kann auf Gnade hoffen, mehr noch, der Gläubige kann auf Gnade bauen.

---

[26] Römer 3, 31
[27] Im Alten Testament ist das Gesetz zentral, im Neuen Testament die Gnade.

Allein Gesetzestreue dem Buchstaben nach, aus berechnendem Kalkül hat KEINEN ANSPRUCH auf Gnade. Die Achtung des Gesetzes muss zur Herzensangelegenheit[28] werden. <u>Aus dem Glauben heraus wird die Einhaltung des Gesetzes[29] nicht zu einem MÜSSEN, sondern zu einem WOLLEN, zur GESETZES-TREUE.</u>

Jakobus 1:
[22] Seid aber Täter des Worts und nicht Hörer allein; sonst betrügt ihr euch selbst.

Dem Gesetz untertan sein oder dem Gesetz treu ergeben sein. In diesem Satz liegt ein kleiner, aber feiner Unterschied. (1) Der Mensch kann aus Überzeugung und freiem Willen, zu seinem eigenen Wohl und zum Wohle der Gesellschaft unter dem Gesetz stehen, untertan sein. (2) Er kann aber auch vom Gesetz geknechtet und ausgebeutet werden und im wahrsten Sinne des Wortes «unter» dem Gesetz stehen, und von den Durchsetzern dieses Gesetzes mit Füßen getreten werden. (3) Der Mensch kann auch aus Furcht oder aus Gründen des Arrangements Untertan und Befolger des Gesetzes sein, ohne von dessen Rechtfertigung überzeugt zu sein.

Wenn dies der Fall ist, kann angenommen werden, dass die Menschen die einzelnen Buchstaben des Gesetzes erfüllen. Sie sind aber nicht gesetzestreu. Gesetzestreue bedeutet auch, dass der Mensch NICHT außerhalb des Gesetzes steht – und sei es nur dem Geiste, nicht den Taten nach. Es bedeutet auch, dass der Mensch unter dem Gesetz steht – nicht um getreten zu werden, sondern um beschirmt, geschützt zu werden. Es bedeutet aber auch, dass der Mensch das Gesetz für sich annimmt, weil er dessen Rechtmäßigkeit, Angemessenheit, «Wahrhaftigkeit» erkannt hat. Es bedeutet, der Mensch wurde vom Befolger zum Befürworter des Gesetzes.

Sprüche 10:
[8] Wer weisen Herzens ist, nimmt Gebote an; wer aber ein Narrenmaul hat, kommt zu Fall.

Paulus spricht hier die tätigen Befürworter an, wenn er sagt, diese würden gerechtfertigt werden und haben Hoffnung auf Gnade.

---

[28] Gesetz OHNE Glaube wird zur Last, Gesetz mit Glaube wird zur Lust.
[29] Dekalog, 5 Mose 5, 6-22

DER BRIEF AN DIE RÖMER, KAPITEL 3

[1] Was ist nun der Vorzug der Juden, was der Nutzen der Beschneidung? [2] Er ist groß in jeder Hinsicht. Vor allem: Ihnen sind die Worte Gottes anvertraut. [3] Denn was macht das schon: Wenn einige untreu wurden, wird dann etwa ihre Untreue die Treue Gottes aufheben? [4] Keineswegs! Gott soll sich vielmehr als wahrhaftig erweisen, jeder Mensch aber als Lügner, wie geschrieben steht:

Damit du recht behältst mit deinen Worten und den Sieg davonträgst, wenn man mit dir rechtet.

[5] Wenn aber unsere Ungerechtigkeit die Gerechtigkeit Gottes bestätigt, was sagen wir dann? Ist Gott - ich frage sehr menschlich - nicht ungerecht, wenn er seinen Zorn verhängt? [6] Keineswegs! Denn wie könnte Gott die Welt sonst richten? [7] Wenn aber die Wahrhaftigkeit Gottes sich durch meine Unwahrhaftigkeit als groß erwiesen hat und so Gott verherrlicht wird, warum werde ich dann als Sünder gerichtet? [8] Und gilt am Ende das, womit man uns verleumdet und was einige uns in den Mund legen: Lasst uns Böses tun, damit Gutes entsteht? Diese Leute werden mit Recht verurteilt.

[9] Was heißt das nun? Sind wir im Vorteil? Nicht unbedingt. Denn wir haben vorher die Anklage erhoben, dass alle, Juden wie Griechen, unter der Herrschaft der Sünde stehen, [10] wie geschrieben steht:

Es gibt keinen, der gerecht ist, / auch nicht einen;

[11] es gibt keinen Verständigen, / keinen, der Gott sucht.

[12] Alle sind abtrünnig geworden, / alle miteinander taugen nichts.

Es gibt keinen, der Gutes tut, / auch nicht einen Einzigen.

[13] Ihre Kehle ist ein offenes Grab, / mit ihrer Zunge betrügen sie; / Schlangengift ist auf ihren Lippen.

[14] Ihr Mund ist voll Fluch und Gehässigkeit.

[15] Schnell sind ihre Füße, Blut zu vergießen; / [16] Verderben und Unheil sind auf ihren Wegen / [17] und den Weg des Friedens kennen sie nicht.

[18] Die Gottesfurcht steht ihnen nicht vor Augen.

[19] Wir wissen aber: Was das Gesetz sagt, sagt es denen, die unter dem Gesetz leben, damit jeder Mund gestopft und die ganze Welt vor Gott schuldig wird. [20] Denn aus Werken des Gesetzes wird niemand vor ihm gerecht werden; denn durch das Gesetz kommt es nur zur Erkenntnis der Sünde.

[21] Jetzt aber ist unabhängig vom Gesetz die Gerechtigkeit Gottes offenbart worden, bezeugt vom Gesetz und von den Propheten: [22] die Gerechtigkeit Gottes durch Glauben an Jesus Christus, offenbart für alle, die glauben. Denn es gibt keinen Unterschied: [23] Alle haben ja gesündigt und die Herrlichkeit Gottes verloren. [24] Umsonst werden sie gerecht, dank seiner Gnade, durch die Erlösung in Christus Jesus. [25] Ihn hat Gott aufgerichtet als Sühnemal - wirksam durch Glauben - in seinem Blut, zum Erweis seiner Gerechtigkeit durch die Vergebung der Sünden, die früher, [26] in der Zeit der Geduld Gottes, begangen wurden; ja zum Erweis seiner Gerechtigkeit in der gegenwärtigen Zeit, um zu zeigen: Er selbst ist gerecht und macht den gerecht, der aus Glauben an Jesus lebt.

[27] Wo bleibt da noch das Rühmen? Es ist ausgeschlossen. Durch welches Gesetz? Durch das der Werke? Nein, durch das Gesetz des Glaubens. [28] Denn wir sind der Überzeugung, dass der Mensch gerecht wird durch Glauben, unabhängig von Werken des Gesetzes. [29] Oder ist Gott nur der Gott der Juden, nicht auch der Heiden? Ja, auch der Heiden, [30] da doch gilt: Gott ist der eine. Er wird aufgrund des Glaubens sowohl die Beschnittenen wie die Unbeschnittenen gerecht machen. [31] Setzen wir also durch den Glauben das Gesetz außer Kraft? Im Gegenteil, wir richten das Gesetz auf.

4 Gesetzestreue und Gesetzeswerke

1	Gesetzestreue (allein) hat keinen Anspruch auf Gnade oder Gerechtigkeit
2	Gesetzestreue allein hat keine Hoffnung auf Rechtfertigung.
3	Glaube allein hat Hoffnung auf Rechtfertigung
4	Der Gläubige, der das Gesetz kennt, wird dem Glauben nach UND den Werken nach gerechtfertigt.

Beschneidung (AT) und Taufe (NT) sind Siegel der Gerechtigkeit des Glaubens.

Die (1) Konsekutivkette oder die (2) Kausalkette, die Paulus entwirft, könnte folgendermaßen aussehen:

1. GLAUBE bewirkt GESETZESTREUE, bewirkt GESETZESWERKE, hat Anspruch auf GNADE.

2. GNADE bedingt GLAUBE, bedingt GESETZESTREUE, bedingt GESETZESWERKE.

Wie man es auch dreht und wendet, stets müssen Gnade, Glaube, Gesetzestreue und Gesetzeswerke als Glieder einer starken Kette gesehen werden.

4.1 Geschenkt und nicht erworben: Gnade
Die Gnade wurde den Menschen durch Jesus bereits als unbedingter / bedingungsloser Vorschuss gegeben. Diese Gnade gilt es jedoch zu bewahren und nicht zu verwirken: Nur im Glauben, in der Gesetzestreue und mit Gesetzeswerken kann die Gnade wirken.

Jedes Glied der Kette «Glaube, Gesetzestreue und Gesetzeswerke» für sich allein genommen hat keinen Anspruch auf Gnade. Das macht Paulus sehr deutlich. Für alle Menschen aber, die von Gott und den Gesetzen[30] gehört haben, gilt:

---

[30] Dekalog, 5 Mose 5, 6-22

Jeder, der das Gesetz kennt, wird dem Glauben UND den Werken nach gerechtfertigt (und kann auf Gnade hoffen) [31].

4.2 Wissen ist MACHT – Wissen ist (Ver)PFLICHT(ung)

Paulus nimmt hier alle mündigen Menschen in die Pflicht: Wer von Gott und seinen Gesetzen gehört hat, steht auch in der Pflicht. Es wird keine Entschuldigung geben, die da lautet: Das haben wir nicht gewusst. In diesem Sinne ist Wissen beides: Macht und Pflicht. Macht dahingehend, dass der Mensch durch Beobachtung, Studium, Zeugnis, persönliche Erfahrung die Macht (den freien Willen) hat, sich für oder gegen Gott zu entscheiden. Er hat aber auch die Pflicht, nach den Gesetzen[32] zu handeln, da diese Gesetze:

- offenbart wurden,
- bedingungslos und ohne Vorbehalt gelten,
- verständlich sind,
- allumfassend gelten,
- das Wohl jedes Einzelnen in den Mittelpunkt der Gesetzgebung stellen,
- nicht abgeändert werden dürfen,
- die Liebe als ihren Wesenskern sehen.

4.3 Die Wirkweise des Dekalogs

Heute wirkt die "Theologie der Zehn Gebote" fort als eine "säkularisierte Theologie der Menschenrechte". Dass viele in den

---

[31] Eine Ausnahme bildet hier der Glaube. Glaube allein hat Hoffnung (nicht Anspruch) auf Rechtfertigung, unter der Voraussetzung, dass das Gesetz nicht bekannt ist, Gott aber in der Schöpfung erkannt wird und die Gesinnung rechtens ist.

[32] Aus den Geboten und Verboten Gottes nur Vorschriften und Strafen abzuleiten, ist eine Verkennung des wesentlichen Inhalts und der Beziehung des Gottes zu den Menschen: Der Wert der Zehn Gebote liegt wesentlich auch darin, dass sie ein Grundgesetz der Würde des Lebens sind. Das hat schon der jüdisch-hellenistische Philosoph und Theologe Philon von Alexandrien (15 v. Chr. bis 40 n. Chr.) erkannt: Er sah in den Zehn Geboten ein universales Grundgesetz: und zwar nicht nur für die von Mose in der Tora gegebenen Einzelgesetze, sondern für die Welt. Dieses "Weltgesetz" der Zehn Gebote setzt Philon in seiner Schrift "De decalogo" mit den philosophischen Erkenntnissen seiner Zeit in Beziehung - zum Beispiel mit den zehn "Kategorien" des Aristoteles, einer Art Basiswerkzeugkasten der logischen Philosophie. Auch die „Amerikanische Unabhängigkeitserklärung" formuliert: Wir halten diese Wahrheiten für selbstverständlich, dass alle Menschen gleich an Rechten geboren werden und von ihrem Schöpfer mit gewissen unveräußerlichen Rechten ausgestattet sind: Dazu gehören das Leben, die Freiheit und das Streben nach Glück.

freiheitlichen Verfassungsstaaten glauben, sich von ihrer Herkunftsreligion entfernt zu haben, ändert daran nichts.

Auch und gerade in "säkularisierter" Gestalt bestimmt jüdisch-christlicher Wurzelgrund - oft unbewusst - unser Verhalten und die gesellschaftlichen Normen. Das ist in vielerlei Hinsicht gut, in Vergessenheit geraten sollte dieser ursprüngliche Zusammenhang aber nicht: Im Gegenteil, es sollte bewusst sein, dass der Inhalt des Dekalogs in mancher Hinsicht abgeändert wurde. Es sollte auch bewusst sein, dass die 10 Gebote von Jesus selbst – als universal und nicht justierbar – bekräftigt wurden[33].

Beschneidung (Altes Testament) und Taufe (Neues Testament) sind die Siegel der Gerechtigkeit des Glaubens. Daher sollte die Taufe den GLAUBEN BESTÄTIGEN [34]. Den GLAUBEN, dem GNADE versprochen ist: Denn Jesus IST die Gnade, die im Glauben jene Übertretungen rechtfertigen kann, die IM GESETZESBEWUSSTSEIN geschehen, jedoch bereut werden. Gnade ist KEIN Freibrief [35].

---

[33] „Willst du aber zum Leben eingehen, so halte die Gebote" (Matthäus 19,17)
[34] Kann man hier ein Argument für die Erwachsenentaufe sehen?
[35] Dieser Hinweis ist wichtig: Gnade rechtfertigt keine Übertretungen, die aus Kalkül geschehen.

DER BRIEF AN DIE RÖMER, KAPITEL 4

[1] Was sollen wir nun von Abraham sagen, was hat er erlangt, unser leiblicher Stammvater? [2] Wenn Abraham aufgrund von Werken Gerechtigkeit erlangt hat, dann hat er zwar Ruhm, aber nicht vor Gott. [3] Denn was sagt die Schrift? Abraham glaubte Gott und das wurde ihm als Gerechtigkeit angerechnet. [4] Dem, der Werke tut, wird der Lohn nicht aus Gnade angerechnet, sondern weil er ihm zusteht. [5] Dem aber, der keine Werke tut, sondern an den glaubt, der den Gottlosen gerecht macht, dem wird sein Glaube als Gerechtigkeit angerechnet. [6] So preist auch David den Menschen selig, dem Gott Gerechtigkeit unabhängig von Werken anrechnet:

[7] Selig sind die, deren Frevel vergeben / und deren Sünden bedeckt sind.

[8] Selig ist der Mensch, / dem der Herr die Sünde nicht anrechnet.

[9] Gilt nun diese Seligpreisung nur den Beschnittenen oder auch den Unbeschnittenen? Wir sagen ja: Abraham wurde der Glaube als Gerechtigkeit angerechnet. [10] Wie wurde er aber angerechnet? Als er beschnitten oder als er unbeschnitten war? Nicht als er beschnitten, sondern als er noch unbeschnitten war. [11] Und das Zeichen der Beschneidung empfing er zur Besiegelung der Glaubensgerechtigkeit, die ihm als Unbeschnittenen zuteil wurde; also ist er der Vater aller, die als Unbeschnittene glauben, sodass ihnen die Gerechtigkeit angerechnet wird, [12] und er ist der Vater jener Beschnittenen, die nicht nur beschnitten sind, sondern auch den Spuren des Glaubens folgen, des Glaubens, den unser Vater Abraham schon vor seiner Beschneidung hatte.

[13] Denn Abraham und seine Nachkommen erhielten nicht aufgrund des Gesetzes die Verheißung, Erben der Welt zu sein, sondern aufgrund der Glaubensgerechtigkeit. [14] Wenn nämlich jene Erben sind, die aus dem Gesetz leben, dann ist der Glaube entleert und die Verheißung außer Kraft gesetzt. [15] Denn das Gesetz bewirkt Zorn; wo aber kein Gesetz ist, da ist auch keine Übertretung. [16] Deshalb gilt: aus Glauben, damit auch gilt: aus Gnade. Nur so bleibt die Verheißung für die ganze Nachkommenschaft gültig, nicht nur für die, welche aus dem Gesetz, sondern auch für die, welche aus dem Glauben Abrahams leben. Er ist unser aller Vater, [17] wie geschrieben steht: Ich habe dich zum Vater vieler Völker bestimmt - im Angesicht des Gottes, dem er geglaubt hat, des Gottes, der die Toten lebendig macht und das, was nicht ist, ins Dasein ruft. [18] Gegen alle Hoffnung hat er voll Hoffnung geglaubt, dass er der Vater vieler Völker werde, nach dem Wort: So zahlreich werden deine Nachkommen sein. [19] Ohne im Glauben schwach zu werden, bedachte er, der fast Hundertjährige, dass sein Leib und auch Saras Mutterschoß schon erstorben waren. [20] Er zweifelte aber nicht im Unglauben an der Verheißung Gottes, sondern wurde stark im Glauben, indem er Gott die Ehre erwies, [21] fest davon überzeugt, dass Gott die Macht besitzt, auch zu tun, was er verheißen hat. [22] Darum wurde es ihm auch als Gerechtigkeit angerechnet.

[23] Doch nicht allein um seinetwillen steht geschrieben: Es wurde ihm angerechnet, [24] sondern auch um unseretwillen, denen es angerechnet werden soll, uns, die wir an den glauben, der Jesus, unseren Herrn, von den Toten auferweckt hat. [25] Wegen unserer Verfehlungen wurde er hingegeben, / wegen unserer Gerechtmachung wurde er auferweckt.

5 Friede in Gott

1	Durch Glauben an Jesus hat der Mensch Frieden in Gott und Zugang zur Gnade.
2	Christus ist in «Vorleistung» gegangen.
3	Der Tod herrscht durch die Sünde Adams und kann nur durch Christus und das Bekenntnis zu ihm überwunden werden.

Christus ist in Vorleistung gegangen: Jesus ist für den Sünder gestorben, nicht für den Gerechten. Wichtig aber: Für den Sünder, der diese (Erlösungs-)Tat annimmt und (fortan) durch seine Einstellung (Glaube), Gesinnung (Gesetzestreue) und Handeln (Gesetzeswerke) bezeugt.

Die Schuld des einzelnen Menschen wurde auf NULL gesetzt und die Gnade wurde und wird wirksam in dem Moment, in dem der Mensch sich in aller Konsequenz zum Glauben bekennt. Doch die Schuld, die im Glauben durch die Gnade getilgt wurde, bleibt nicht per se gelöscht: Der Mensch muss selbst «sein Konto führen».

5.1 Die Mächte des Unheils: Gesetz, Sühne und Tod

Erst durch das Gesetz kann der Mensch Sünde erkennen. Heißt das: Erst das Gesetz erweckt die Sünde zum Leben? Dies wäre ein sehr provokanter Gedanke, den wir weiter vorne in ähnlicher Weise schon einmal diskutiert haben. Hier ist ein «verwandtes» Gedankenspiel: Sagt nicht auch der Volksmund: Was ich nicht weiß, macht mich nicht heiß – oder: Wo kein Richter, da kein Kläger - wo kein Kläger, da keine Strafe?

Somit ist der Gedanke nicht abwegig: Das Gesetz offenbart die Sünde. Das stimmt. Aber diese Aussage ist noch nicht zu Ende. Sie muss lauten, das Gesetz offenbart die Sünde, aber es begründet sie nicht. Dieser Zusatz ist immens wichtig, da der voranstehende Satz richtig ist: Erst das Wissen um Gesetze und Verbote macht Straftaten erkennbar. Gesetze und Gebote begründen aber keine Straftaten.

Paulus wählt als Beispiel in seinen Texten oftmals die menschliche Begierde. Die menschliche Begierde ist sündhaft. Stimmt das? Die Antwort auf diese Frage ist eigentlich einfach. Auch hier hilft ein Blick in die 10 Gebote. Wenn hier von sündhafter Begierde die Rede ist und ein Du-Sollst-Nicht-Gebot formuliert wird, betrifft dies immer <u>die Begierde, die gegen den Mitmenschen gerichtet ist</u>: «*Du sollst nicht begehren deines Nächsten Frau… Du sollst nicht gelüsten nach Deines Nächsten Hab und Gut.*»

Sprüche 21:
[25] Die Begierde des Faulen bringt ihm den Tod, denn seine Hände weigern sich zu arbeiten.

Sich selbst Vergnügen zu bereiten: Dieses Motiv steht im Fokus dieser Begierden. Das führt oft zu ungesundem Verhalten, um diese Wünsche ohne Rücksicht auf ihre Konsequenzen zu erfüllen. Hier geht es um Besitz und Gier. <u>Begehren impliziert oft den Nachteil oder Schaden des Gegenübers und ist daher sündhaft</u>.

Es gibt aber auch positive Begierde. Ein Brennen, eine Sehnsucht, die auch auf ein Gegenüber gerichtet ist, aber im Sinne der Gemeinschaft. Diese Art der Begierde ist mitnichten verboten oder gar sündhaft[36].

---

[36] Wenn jedoch das Gegenüber nur zum Objekt einer egozentrischen Begierde herabgewürdigt ist, dann ist diese Charaktereinstellung nicht gottgewollt.

DER BRIEF AN DIE RÖMER, KAPITEL 5

[1] Gerecht gemacht also aus Glauben, haben wir Frieden mit Gott durch Jesus Christus, unseren Herrn. [2] Durch ihn haben wir auch im Glauben den Zugang zu der Gnade erhalten, in der wir stehen, und rühmen uns der Hoffnung auf die Herrlichkeit Gottes. [3] Mehr noch, wir rühmen uns ebenso der Bedrängnisse; denn wir wissen: Bedrängnis bewirkt Geduld, [4] Geduld aber Bewährung, Bewährung Hoffnung. [5] Die Hoffnung aber lässt nicht zugrunde gehen; denn die Liebe Gottes ist ausgegossen in unsere Herzen durch den Heiligen Geist, der uns gegeben ist. [6] Denn Christus ist, als wir noch schwach waren, für die zu dieser Zeit noch Gottlosen gestorben.

[7] Dabei wird nur schwerlich jemand für einen Gerechten sterben; vielleicht wird er jedoch für einen guten Menschen sein Leben wagen. [8] Gott aber erweist seine Liebe zu uns darin, dass Christus für uns gestorben ist, als wir noch Sünder waren. [9] Nachdem wir jetzt durch sein Blut gerecht gemacht sind, werden wir durch ihn erst recht vor dem Zorn gerettet werden. [10] Da wir mit Gott versöhnt wurden durch den Tod seines Sohnes, als wir noch Gottes Feinde waren, werden wir erst recht, nachdem wir versöhnt sind, gerettet werden durch sein Leben. [11] Mehr noch, ebenso rühmen wir uns Gottes durch Jesus Christus, unseren Herrn, durch den wir jetzt schon die Versöhnung empfangen haben.

[12] Deshalb: Wie durch einen einzigen Menschen die Sünde in die Welt kam und durch die Sünde der Tod und auf diese Weise der Tod zu allen Menschen gelangte, weil alle sündigten - [13] Sünde war nämlich schon vor dem Gesetz in der Welt, aber Sünde wird nicht angerechnet, wo es kein Gesetz gibt; [14] dennoch herrschte der Tod von Adam bis Mose auch über die, welche nicht durch Übertreten eines Gebots gesündigt hatten wie Adam, der ein Urbild des Kommenden ist. [15] Doch anders als mit der Übertretung verhält es sich mit der Gnade; sind durch die Übertretung des Einen die Vielen dem Tod anheimgefallen, so ist erst recht die Gnade Gottes und die Gabe, die durch die Gnadentat des einen Menschen Jesus Christus bewirkt worden ist, den Vielen reichlich zuteilgeworden. [16] Und anders als mit dem, was durch den einen Sünder verursacht wurde, verhält es sich mit dieser Gabe: Denn das Gericht führt wegen eines Einzigen zur Verurteilung, die Gnade führt aus vielen Übertretungen zur Gerechtsprechung. [17] Denn ist durch die Übertretung des Einen der Tod zur Herrschaft gekommen, durch diesen Einen, so werden erst recht diejenigen, denen die Gnade und die Gabe der Gerechtigkeit reichlich zuteilwurde, im Leben herrschen durch den einen, Jesus Christus.

[18] Wie es also durch die Übertretung eines Einzigen für alle Menschen zur Verurteilung kam, so kommt es auch durch die gerechte Tat eines Einzigen für alle Menschen zur Gerechtsprechung, die Leben schenkt. [19] Denn wie durch den Ungehorsam des einen Menschen die Vielen zu Sündern gemacht worden sind, so werden auch durch den Gehorsam des Einen die Vielen zu Gerechten gemacht werden.

[20] Das Gesetz aber ist dazwischen hineingekommen, damit die Übertretung mächtiger werde; wo jedoch die Sünde mächtig wurde, da ist die Gnade übergroß geworden, [21] damit, wie die Sünde durch den Tod herrschte, so auch die Gnade herrsche durch Gerechtigkeit zum ewigen Leben, durch Jesus Christus, unseren Herrn.

6 Gleichheit in Tod und Auferstehung

1	Jeder erkennende Gläubige ist durch die Taufe in der Gleichheit des Todes und der Gleichheit der Auferstehung mit Christus verbunden.
2	Die Gleichheit des Todes bedeutet die Tilgung der Schuld durch «Vorleistung» Christi.
3	Die Vorleistung Christi ist die Gnade Gottes.
4	Gnade hebt das Gesetz nicht auf

Die Gnade Gottes hebt das Gesetz Gottes nicht auf. Im Gegenteil: Die Gnade nimmt jeden Einzelnen in die Pflicht. So wie diese Gnade als Vorleistung jedem Menschen gegeben wurde, so muss sich jeder Mensch im Laufe seines Lebens immer wieder ihrer würdig erweisen. Dies bedeutet: Gnade kann verwirkt werden. Dies bedeutet aber auch, Gnade kann immer wieder gewährt werden.

Das ist beruhigend. Doch wie schon oftmals erwähnt, darf hier kein Kalkül des Menschen dahinterstehen, nach der Devise – der Mensch kann immer wieder sündigen, es wird ihm ja verziehen. So darf man die «Unerschöpflichkeit der Gnadenleistung» nicht missverstehen.

Die Unerschöpflichkeit der Gnade bedingt die rechte Gesinnung. Gott weiß, dass der Mensch immer wieder aus der Bahn geworfen werden kann – auch OHNE dass Kalkül oder böse Absicht die Triebfeder und treibende Kraft hinter der persönlichen Verfehlung sein muss. Ist dies der Fall, kann Gnade unerschöpflich sein – und ist sie es auch.

Diesen Gedanken symbolisiert das Bild der «Gleichheit in der Auferstehung» durch die Taufe. Diese Gleichheit bedeutet, sich in und mit Jesus gleich zu machen[37] und der Sünde in

---

[37] Galater 3,27: So viele ihr auf Christus getauft worden seid, ihr habt Christus angezogen.

überzeugter Gesinnung zu entsagen[38] – sollte es auch oft im Kleinen nicht gelingen.

Das Angebot Gottes fordert eine Entscheidung des Menschen. Gott ist zwar in Vorleistung gegangen, aber der Mensch muss sich bewusst sein: Es gibt keinen «Diener zweier Herren». Der Mensch kann das Angebot Gottes annehmen oder ablehnen. Hierin ist er völlig frei. Klar muss aber sein, Sünde bewirkt den Tod[39], Gnade das Leben[40].

Die Gnadengabe bekommt der Mensch durch Jesus vorab als Geschenk, denn sie «ist die Anzahlung auf unser Erbe auf die Erlösung seines Eigentums zum Preise seiner Herrlichkeit.»[41] «In ihm (Jesus) haben wir die Erlösung durch sein Blut, die Vergebung der Vergehen, nach dem Reichtum seiner Gnade.»[42] Der Mensch muss aber dieses Geschenk annehmen und sich dafür <u>im Nachhinein</u> als würdig erweisen und dieses Geschenk auch leben.

Psalm 111:
[9] Er hat Erlösung gesandt zu seinem Volk, seinen Bund verordnet auf ewig.

---

[38] Apg. 22,16: Und nun, was zögerst du? Steh auf, lass dich taufen und deine Sünden abwaschen, indem du seinen Namen anrufst.

[39] Offenbarung 2,11: Wer ein Ohr hat, höre, was der Geist den Gemeinden sagt! Wer überwindet, wird keinen Schaden erleiden von dem zweiten Tod.

[40] Johannes 10, 28-30: Und ich gebe ihnen das ewige Leben, und sie werden nimmermehr umkommen, und niemand wird sie aus meiner Hand reißen. Mein Vater, der mir sie gegeben hat, ist größer als alles, und niemand kann sie aus des Vaters Hand reißen. Ich und der Vater sind eins.

[41] Epheser 1,14

[42] Epheser 1,7

DER BRIEF AN DIE RÖMER, KAPITEL 6

[1] Was sollen wir nun sagen? Sollen wir an der Sünde festhalten, damit die Gnade umso mächtiger werde? 2 Keineswegs! Wie können wir, die wir für die Sünde tot sind, noch in ihr leben? [3] Wisst ihr denn nicht, dass wir, die wir auf Christus Jesus getauft wurden, auf seinen Tod getauft worden sind? [4] Wir wurden ja mit ihm begraben durch die Taufe auf den Tod, damit auch wir, so wie Christus durch die Herrlichkeit des Vaters von den Toten auferweckt wurde, in der Wirklichkeit des neuen Lebens wandeln. [5] Wenn wir nämlich mit der Gestalt seines Todes verbunden wurden, dann werden wir es auch mit der seiner Auferstehung sein. [6] Wir wissen doch: Unser alter Mensch wurde mitgekreuzigt, damit der von der Sünde beherrschte Leib vernichtet werde, sodass wir nicht mehr Sklaven der Sünde sind. [7] Denn wer gestorben ist, der ist frei geworden von der Sünde. [8] Sind wir nun mit Christus gestorben, so glauben wir, dass wir auch mit ihm leben werden. [9] Wir wissen, dass Christus, von den Toten auferweckt, nicht mehr stirbt; der Tod hat keine Macht mehr über ihn. [10] Denn durch sein Sterben ist er ein für alle Mal gestorben für die Sünde, sein Leben aber lebt er für Gott. [11] So begreift auch ihr euch als Menschen, die für die Sünde tot sind, aber für Gott leben in Christus Jesus. [12] Daher soll die Sünde nicht mehr in eurem sterblichen Leib herrschen, sodass ihr seinen Begierden gehorcht. [13] Stellt eure Glieder nicht der Sünde zur Verfügung als Waffen der Ungerechtigkeit, sondern stellt euch Gott zur Verfügung als Menschen, die aus Toten zu Lebenden geworden sind, und stellt eure Glieder als Waffen der Gerechtigkeit in den Dienst Gottes! [14] Denn die Sünde wird nicht mehr über euch herrschen; denn ihr steht nicht unter dem Gesetz, sondern unter der Gnade.

[15] Was heißt das nun? Sollen wir sündigen, weil wir nicht unter dem Gesetz stehen, sondern unter der Gnade? Keineswegs! [16] Wisst ihr nicht: Wenn ihr euch als Sklaven zum Gehorsam verpflichtet, dann seid ihr Sklaven dessen, dem ihr gehorchen müsst; ihr seid entweder Sklaven der Sünde, die zum Tod führt, oder des Gehorsams, der zur Gerechtigkeit führt. [17] Gott aber sei Dank; denn ihr wart Sklaven der Sünde, seid jedoch von Herzen der Gestalt der Lehre gehorsam geworden, an die ihr übergeben wurdet. [18] Ihr wurdet aus der Macht der Sünde befreit und seid zu Sklaven der Gerechtigkeit geworden. [19] Wegen eures schwachen Fleisches rede ich nach Menschenweise: Wie ihr eure Glieder in den Dienst der Unreinheit und der Gesetzlosigkeit gestellt habt, sodass ihr gesetzlos wurdet, so stellt jetzt eure Glieder in den Dienst der Gerechtigkeit, sodass ihr heilig werdet! [20] Denn als ihr Sklaven der Sünde wart, da wart ihr der Gerechtigkeit gegenüber frei. [21] Welche Frucht hattet ihr damals? Es waren Dinge, deren ihr euch jetzt schämt; denn sie bringen den Tod. [22] Jetzt aber, da ihr aus der Macht der Sünde befreit und zu Sklaven Gottes geworden seid, habt ihr eine Frucht, die zu eurer Heiligung führt und das ewige Leben bringt. [23] Denn der Lohn der Sünde ist der Tod, die Gabe Gottes aber ist das ewige Leben in Christus Jesus, unserem Herrn.

7 Gut und Böse

1	Erst das Gesetz macht Sünde offenbar.
2	Dem Geist nach will der Mensch nach dem Gesetz Gottes (erstes Gesetz) handeln.
3	Das Fleisch steht jedoch unter dem Gesetz der Sünde (zweites Gesetz).
4	Der von Christus / Gott befreite Mensch steht nicht mehr unter diesem zweiten Gesetz.
5	Dies ist allgemeingültig.

Erst das Gesetz macht Sünde offenbar! Ein Gedanke, der es in sich hat: Würde das im Umkehrschluss bedeuten – ohne Gesetz würden die Menschen nicht sündigen?

7.1 Die ERSTE und die ZWEITE Zeit

Da das Gesetz aber erst installiert wurde, als der Mensch sich schon längst von Gott getrennt hatte (zweite Zeit), würde es aber auch bedeuten, in den Zeiten ohne Gesetz, den «vor-ge-setz-ten» Zeiten (erste Zeit) war oder wäre der Mensch noch im Einklang mit Gott.

Ja – ohne Gesetz wird die Sünde nicht offenbar. In der Zeit vor dem Gesetz war der Mensch tatsächlich nach dem Abbild Gottes geschaffen (und ist er es – mit Einschränkungen – immer noch). Dies beinhaltet auch, dass er als freies Wesen geschaffen ist.

Doch der Mensch hat sich von Gott entfernt. Er versteckt sich vor Gott. Erst als dieser Gleichschritt gestört wurde[43], wurde es für Gott notwendig, wieder lenkend einzugreifen. Das Motiv hier ist aber nicht die Strafe oder Bestrafung. Das Ziel ist vielmehr die Suche, das Verstehen, das aufeinander Zugehen. Die erste Frage, die in der Bibel steht, ist eine Frage Gottes:

1 Mose 3:

9 Und Gott der HERR rief Adam und sprach zu ihm: Wo bist du?

---

43 Gen. 2, 16-17: Du darfst essen von allen Bäumen im Garten, aber von dem Baum der Erkenntnis des Guten und Bösen sollst du nicht essen; denn an dem Tage, da du von ihm isst, musst du des Todes sterben.

«Wo bist Du, Mensch?» Eine ähnliche Frage in diesem Zusammenhang: «Wo ist dein Bruder, Abel?»[44] Gott fragt «Wo?». «Wo bist du Mensch?». Diese Frage haben die Philosophen die Menschheitsfrage genannt. Es ist die erste Frage Gottes in der Bibel und sie ist so grundlegend, dass sie für einige der Denker zur Frage schlechthin wurde: «Wo bist du Mensch?» Wo befindest du dich? Was machst du gerade und warum machst du es? Gott interessiert sich anscheinend für Adam und er stellt diese Frage auch uns. «Wo bist du?» Wo bist du im Verhältnis zu Gott. Versteckst du dich?

Beide Fragen stellt Gott nachdem ein grosses Verbrechen, eine Schuld begangen worden ist. Er kommt und fragt nicht: «Warum habt ihr das gemacht?», sondern er fragt: «Wo bist du?» oder «Wo ist dein Bruder?». Es ist in diesem Zusammenhang spannend, das «Wo» als Leitfrage zu sehen: Wo ist der Mensch? In welcher Position befindet er sich? Hat er sich verirrt? Braucht der Mensch Hilfe?

Gott frägt, wo der Mensch ist. Da darf der Mensch auch fragen, wo Gott ist: Wo bist Du, Gott? Jesus gibt darauf eine einfache Antwort: «Denn wo zwei oder drei versammelt sind in meinem Namen, da bin ich mitten unter ihnen.»[45]

7.2 Der Sündenfall: Die Erkenntnis von Gut und Böse
Interessant ist in diesem Zusammenhang das Wort ERKENNEN: «Aber vom Baum der Erkenntnis des Guten und Bösen sollst du nicht essen.»

Was in der Bibel, im Alten Testament in der Bedeutung des Wortes ERKENNEN mitschwingt, wird gleich am Anfang der Bibel deutlich: «Und Adam erkannte sein Weib Eva, und sie ward schwanger und gebar den Kain»[46].

Erkenntnis bedeutet hier, eine enge, intime Beziehung. So spricht auch in Hosea Gott von sich: «Denn ich habe Lust an

---

[44] 1 Mose 4
[45] Matthäus 18,20
[46] 1. Mose 4, 1

der Liebe und nicht am Opfer, an der Erkenntnis Gottes und nicht am Brandopfer»[47].

Somit ist der <u>Baum der Erkenntnis von Gut und Böse</u> auch nicht nur auf die erkenntnis-theoretische Bedeutung reduziert, sondern entfaltet seine Bedeutung vielmehr in der praktischen Realität, im <u>TUN</u>.

7.3 Erkennen: «bewusst entscheiden», «leben», «tun»

Gut und Böse zu erkennen, bedeutet gut und böse zu leben. Sich täglich aufs Neue für Gut oder Böse zu entscheiden, Versuchungen ausgesetzt zu sein – mitten in der Brandung zu stehen, in der Gefahr, weggespült zu werden: <u>Im wahrsten biblischen Sinne: Mit allen Konsequenzen Gut und Böse zu erkennen, zu tun, zu leben, «schwanger davon zu werden». Davor wollte Gott die Menschen bewahren</u> mit dem Gebot «Du sollst nicht essen vom Baum der Erkenntnis von Gut und Böse».

Da Gott aber die Menschen als freie Wesen geschaffen hat, hatten sie eben die Freiheit der Entscheidung.

7.4 Keine Marionetten Gottes

Vor den alltäglichen Anfechtungen wollte Gott die Menschen schützen, gab ihnen aber gleichzeitig die Freiheit, sich gegen diesen Schutz zu entscheiden.

<u>Gott sorgte für den Fall, die Menschen entscheiden sich gegen den Schutz Gottes und gegen seine Fürsorge – wie es ja auch geschah in der Paradiesgartenerzählung – für eine zeitliche Begrenzung dieser Periode der Erkenntnis</u>: «Denn an dem Tage, da Du davon isst, musst Du des Todes sterben»[48].

Gleichzeitig gab Gott uns aber auch das Versprechen, die ursprüngliche Ordnung – ewiges Leben in der Gemeinschaft Gottes - für den Menschen wiederherzustellen. Der Opfertod

---

[47] Hosea 6,6

[48] Sterben – nicht «wie vom Blitz getroffen», sondern das Leben in der Erkenntnis von Gut und Böse ist begrenzt, endet mit dem Tod.

Jesu ist hierfür die unbedingte Vorleistung Gottes, seine Gnade. Die Gesetze, von denen nun die Rede ist, weisen den Weg. Wieder will Gott uns schützen und leiten, um den ursprünglichen Urzustand des Menschen als Gottes Abbild wiederherzustellen.

7.5 Erstes und zweites Gesetz

Christi Tod hat den Menschen aus den Zwängen der Sünde befreit. Der befreite Mensch steht nicht mehr unter der Macht (dem Gesetz) der Sünde – dies gilt, wie eingangs ebenfalls dargestellt, nicht per se und nicht auf immer. Die Befreiung bedingt, dass wir diese im Geist erkennen und der Gesinnung nach leben.

Der Gesinnung nach im neuen Geist leben, dem neuen Geist dienen, bedeutet: Wohlgefallen am Gesetz Gottes zu haben, zu erkennen, dass das Gesetz Wegweiser zum Guten ist. Es bedeutet auch, den Willen zu haben, das Gute zu vollbringen.

Verweigert der Mensch sich diesem Anspruch, steht er wieder unter dem Gesetz der Sünde (zweites Gesetz), kann aber aufgrund seines ernsthaften Glaubens, sein Leben wieder nach dem ersten Gesetz ausrichten, auf Gnade hoffen, auf das Versprechen Gottes bauen.

Gott weiß, dass der Mensch oft dem Geist nach dem Gesetz Gottes dient, mit dem Fleisch jedoch dem Gesetz der Sünde[49]. Ziel für den gläubigen Menschen soll es sein, diesen Gegensatz täglich aufs Neue aufzuheben und «das Handeln des Fleisches mit dem Handeln des Geistes zu versöhnen».

---

[49] Markus 14, 37.38: Der Geist ist willig, aber das Fleisch ist schwach.

DER BRIEF AN DIE RÖMER, KAPITEL 7

[1] Wisst ihr denn nicht, Brüder und Schwestern - ich rede doch zu Leuten, die das Gesetz kennen -, dass das Gesetz für einen Menschen nur Geltung hat, solange er lebt? [2] So ist die Ehefrau durch das Gesetz an ihren Mann gebunden, solange er lebt; wenn ihr Mann aber stirbt, ist sie frei von dem Gesetz, das die Frau an den Mann bindet. [3] Wenn sie darum zu Lebzeiten des Mannes einem anderen gehört, wird sie Ehebrecherin genannt; ist aber der Mann gestorben, dann ist sie frei vom Gesetz und wird nicht zur Ehebrecherin, wenn sie einem anderen gehört. [4] Ebenso seid auch ihr, meine Brüder und Schwestern, durch das Sterben Christi tot für das Gesetz, sodass ihr einem anderen gehört, dem, der von den Toten auferweckt wurde, damit wir Gott Frucht bringen. [5] Denn als wir noch dem Fleisch verfallen waren, wirkten sich die Leidenschaften der Sünden, die durch das Gesetz hervorgerufen wurden, so in unseren Gliedern aus, dass wir dem Tod Frucht brachten. [6] Jetzt aber sind wir frei geworden vom Gesetz, dem gestorben, woran wir gebunden waren, sodass wir in der neuen Wirklichkeit des Geistes dienen, nicht mehr in der alten Wirklichkeit des Buchstabens.

[7] Was sollen wir nun sagen? Ist das Gesetz Sünde? Keineswegs! Jedoch habe ich die Sünde nur durch das Gesetz erkannt. Ich hätte ja von der Begierde nichts gewusst, wenn nicht das Gesetz gesagt hätte: Du sollst nicht begehren. [8] Die Sünde aber ergriff die Gelegenheit, die ihr durch das Gebot gegeben war, und bewirkte in mir alle Begierde, denn ohne das Gesetz war die Sünde tot. [9] Ich aber lebte einst ohne das Gesetz; aber als das Gebot kam, wurde die Sünde lebendig, [10] ich dagegen starb und musste erfahren, dass dieses Gebot, das zum Leben führen sollte, mir den Tod brachte. [11] Denn nachdem die Sünde die Gelegenheit ergriffen hatte, die ihr durch das Gebot gegeben war, täuschte und tötete sie mich durch das Gebot. [12] Deshalb ist das Gesetz heilig und das Gebot ist heilig, gerecht und gut.

[13] Ist dann etwa das Gute mir zum Tod geworden? Keineswegs! Sondern die Sünde verursachte, damit sie als Sünde offenbar werde, mir durch das Gute den Tod; denn durch das Gebot sollte die Sünde sich in ihrem ganzen Ausmaß als Sünde erweisen. [14] Wir wissen nämlich, dass das Gesetz selbst vom Geist bestimmt ist; ich aber bin fleischlich, das heißt: verkauft unter die Sünde. [15] Denn was ich bewirke, begreife ich nicht: Ich tue nicht das, was ich will, sondern das, was ich hasse. [16] Wenn ich aber das tue, was ich nicht will, erkenne ich an, dass das Gesetz gut ist. [17] Dann aber bin nicht mehr ich es, der dies bewirkt, sondern die in mir wohnende Sünde. [18] Ich weiß nämlich, dass in mir, das heißt in meinem Fleisch, nichts Gutes wohnt: Das Wollen ist bei mir vorhanden, aber ich vermag das Gute nicht zu verwirklichen. [19] Denn ich tue nicht das Gute, das ich will, sondern das Böse, das ich nicht will, das vollbringe ich. [20] Wenn ich aber das tue, was ich nicht will, dann bin nicht mehr ich es, der es bewirkt, sondern die in mir wohnende Sünde.

[21] Ich stoße also auf das Gesetz, dass in mir das Böse vorhanden ist, obwohl ich das Gute tun will. [22] Denn in meinem Innern freue ich mich am Gesetz Gottes, [23] ich sehe aber ein anderes Gesetz in meinen Gliedern, das mit dem Gesetz meiner Vernunft im Streit liegt und mich gefangen hält im Gesetz der Sünde, das in meinen Gliedern herrscht. [24] Ich elender Mensch! Wer wird mich aus diesem dem Tod verfallenen Leib erretten?

[25] Dank aber sei Gott durch Jesus Christus, unseren Herrn! Es ergibt sich also, dass ich mit meiner Vernunft dem Gesetz Gottes diene, mit dem Fleisch aber dem Gesetz der Sünde.

8 Getriebener oder Steuermann?

1	Der Mensch kann Diener des Fleisches sein oder Diener des Geistes.
2	Der Mensch hat die Freiheit, sich für einen der beiden Lebensentwürfe zu entscheiden.
3	Diener des Fleisches werden von der Sünde beherrscht, sie werden permanent von der Sünde versucht.
4	Diener des Geistes müssen kontinuierlich diese Gesinnung des Geistes pflegen.
5	Dies geschieht am besten durch Gemeinschaft mit Vater, Sohn und Geist und in der Gemeinschaft in Gott.
6	Der Geist wirkt im neuen Menschen und verwendet sich für uns.
7	Christus steht für jeden Menschen ein, der Jesus annimmt.
8	Durch den Sohn hat sich der Vater mit uns versöhnt.

Fleisch und Geist: Obwohl der Mensch die Freiheit hat, sich für einen der beiden Lebensentwürfe zu entscheiden, eines kann er nicht: Er kann nicht Diener ZWEIER Herren sein.

Sicher ist der Weg des Fleisches oftmals auf den ersten Blick leichter. Denn obwohl Gott nach biblischer Überzeugung die Sünder bestrafen wird, bedeutet «in Sünde zu leben» nicht, dass der Mensch ständig mit Repressionen zu rechnen hätte, dass die Strafe sprichwörtlich der Tat auf dem Fuße folgen würde.

Im Gegenteil, unsere Erfahrung lehrt uns, dass gerade auch – in unseren Augen – sündige Menschen ein «gutes» Leben führen: In Luxus und Ausschweifung, gesellschaftlich anerkannt, zumindest toleriert oder gefürchtet.

Bei den «Lebenden im Geiste Gottes» hingegen bestimmt oftmals das krasse Gegenteil den Alltag: Armut, Verfolgung und Missachtung. Wir müssen aber gar nicht in diesen Extremen denken, um die Verlockungen auf der einen Seite und die Herausforderung auf der anderen Seite erkennen und/oder erfahren zu können:

Ein «Leben im Fleisch» ist oft angenehm, Versuchungen locken und vermeintliche Vorteile stellen sich schnell ein. <u>Diener des Fleisches können sich PASSIV treiben lassen, müssen nicht steuern.</u>

Wohingegen ein «Leben im Geist» oftmals Hürden baut: Die Verlockungen sind ja nicht aus der Welt, vermeintliche Vorteile ebenfalls deutlich sichtbar, die schnelle Belohnung greifbar nah. Zudem erscheint es oftmals einfacher, sich als Atheist zu bezeichnen, als sich zu Gott zu bekennen. Es scheint, ein säkularer Lebensstil ist gesellschaftlich akzeptierter, gilt als aufgeklärt, weltzugewandt und tolerant, wohingegen ein religiöser Lebensstil oftmals nur milde belächelt wird. Gegen all diese Widrigkeiten muss ein Gläubiger ankämpfen: Die <u>Diener des Geistes dürfen sich nicht treiben lassen, sie müssen ihre Gesinnung AKTIV pflegen</u>.

Um das Bild der sturmgeplagten See zu bemühen: Der Mensch muss sich entscheiden, Spielball der Wellen zu sein oder als Kapitän und Steuermann das Ruder fest in der Hand zu halten und Wind und Wellen zu trotzen. Dies geht am besten mit einer guten Crew: Mit Freunden gleicher Gesinnung und in der Gemeinschaft mit Gott[50].

Römer 1:

[16] Denn ich schäme mich des Evangeliums nicht; denn es ist eine Kraft Gottes, die selig macht alle, die glauben, die Juden zuerst und ebenso die Griechen.

8.1   Es ist nie zu spät – es ist nie vorbei

Der Mensch kann sicher sein, wenn er aus Überzeugung im Geist leben will, dann wirkt der (Heilige) Geist im neuen Men-

---

[50] Vergleiche hinken. Aber einen Versuch ist es wert: Die menschliche Festplatte ist mit Begierde und dem Gesetz der Sünde beschrieben: Das ist sein Betriebssystem, die Werkseinstellung. Der Opfertod Christi war ein RESET, ein neues Betriebssystem. Er hat die Festplatten der Menschen neu formatiert, im Geiste Christi neu beschrieben und ein ANTIVIRENPROGRAMM – die Gesetze Gottes –aufgespielt. Da wir aber mit der Außenwelt verbunden sind, mit anderen Computern kommunizieren, können wir uns leicht einen Virus, einen Trojaner einfangen – der unsere Festplatte wieder auf die GRUNDSYSTEMEINSTELLUNG zurücksetzt. Deshalb braucht es das Anti-Virenprogramm: Es warnt mich, wenn sich eine Schadsoftware einnistet. Doch als Anwender muss ich auch immer wieder das Virenprogramm aktualisieren und vielleicht ergänzen und aktiv meine Festplatte scannen und reinigen. Das geschieht am besten, wenn ich meine Programme gut kenne, mich weiterbilde und mit Gleichgesinnten austausche: Es gelingt am besten mit Freunden gleicher Gesinnung und in der Gemeinschaft mit Gott.

schen und verwendet sich für ihn, so wie auch Christus für jeden Menschen einsteht, der ihn mit Überzeugung annimmt. Die Menschen haben sich von Gott abgewandt – durch Christus hat Gott sich wieder uns zugewandt. Nicht Gott hat die Beziehung beendet – es war der Mensch – und doch macht der Vater im Sohn den ersten Schritt zur Versöhnung und streckt nicht nur die Hand aus, er breitet die Arme aus.

Auch hat Gott den Menschen NIE allein seinem Schicksal überlassen, er hat ihm immer Wegweisung gegeben, die deutlich zu erkennen ist, für sich selbst spricht und einfach einzuhalten ist.

Ein Leben im Geist Gottes: Dieser Status muss aktiv sein. Durch kritische Beobachtung (Gesetze Gottes) muss der Kurs des Menschen (Lebenswandel) immer wieder nachjustiert werden.

DER BRIEF AN DIE RÖMER, KAPITEL 8

[1] Jetzt also gibt es keine Verurteilung mehr für die, welche in Christus Jesus sind. [2] Denn das Gesetz des Geistes und des Lebens in Christus Jesus hat dich frei gemacht vom Gesetz der Sünde und des Todes. [3] Denn weil das Gesetz, ohnmächtig durch das Fleisch, nichts vermochte, sandte Gott seinen Sohn in der Gestalt des Fleisches, das unter der Macht der Sünde steht, wegen der Sünde, um die Sünde im Fleisch zu verurteilen; [4] dies tat er, damit die Forderung des Gesetzes durch uns erfüllt werde, die wir nicht nach dem Fleisch, sondern nach dem Geist leben. [5] Denn diejenigen, die vom Fleisch bestimmt sind, trachten nach dem, was dem Fleisch entspricht, die aber vom Geist bestimmt sind, nach dem, was dem Geist entspricht. [6] Denn das Trachten des Fleisches führt zum Tod, das Trachten des Geistes aber zu Leben und Frieden. [7] Denn das Trachten des Fleisches ist Feindschaft gegen Gott; es unterwirft sich nämlich nicht dem Gesetz Gottes und kann es auch nicht. [8] Wer aber vom Fleisch bestimmt ist, kann Gott nicht gefallen. [9] Ihr aber seid nicht vom Fleisch, sondern vom Geist bestimmt, da ja der Geist Gottes in euch wohnt. Wer aber den Geist Christi nicht hat, der gehört nicht zu ihm. [10] Wenn aber Christus in euch ist, dann ist zwar der Leib tot aufgrund der Sünde, der Geist aber ist Leben aufgrund der Gerechtigkeit. [11] Wenn aber der Geist dessen in euch wohnt, der Jesus von den Toten auferweckt hat, dann wird er, der Christus von den Toten auferweckt hat, auch eure sterblichen Leiber lebendig machen, durch seinen Geist, der in euch wohnt.
[12] Wir sind also nicht dem Fleisch verpflichtet, Brüder und Schwestern, sodass wir nach dem Fleisch leben müssten. [13] Denn wenn ihr nach dem Fleisch lebt, müsst ihr sterben; wenn ihr aber durch den Geist die sündigen Taten des Leibes tötet, werdet ihr leben. [14] Denn die sich vom Geist Gottes leiten lassen, sind Kinder Gottes. [15] Denn ihr habt nicht einen Geist der Knechtschaft empfangen, sodass ihr immer noch Furcht haben müsstet, sondern ihr habt den Geist der Kindschaft empfangen, in dem wir rufen: Abba, Vater! [16] Der Geist selbst bezeugt unserem Geist, dass wir Kinder Gottes sind. [17] Sind wir aber Kinder, dann auch Erben; Erben Gottes und Miterben Christi, wenn wir mit ihm leiden, um mit ihm auch verherrlicht zu werden.

[18] Ich bin nämlich überzeugt, dass die Leiden der gegenwärtigen Zeit nichts bedeuten im Vergleich zu der Herrlichkeit, die an uns offenbar werden soll. [19] Denn die Schöpfung wartet sehnsüchtig auf das Offenbarwerden der Söhne Gottes. [20] Gewiss, die Schöpfung ist der Nichtigkeit unterworfen, nicht aus eigenem Willen, sondern durch den, der sie unterworfen hat, auf Hoffnung hin: [21] Denn auch sie, die Schöpfung, soll von der Knechtschaft der Vergänglichkeit befreit werden zur Freiheit und Herrlichkeit der Kinder Gottes. [22] Denn wir wissen, dass die gesamte Schöpfung bis zum heutigen Tag seufzt und in Geburtswehen liegt. [23] Aber nicht nur das, sondern auch wir, obwohl wir als Erstlingsgabe den Geist haben, auch wir seufzen in unserem Herzen und warten darauf, dass wir mit der Erlösung unseres Leibes als Söhne offenbar werden. [24] Denn auf Hoffnung hin sind wir gerettet. Hoffnung aber, die man schon erfüllt sieht, ist keine Hoffnung. Denn wie kann man auf etwas hoffen, das man sieht? [25] Hoffen wir aber auf das, was wir nicht sehen, dann harren wir aus in Geduld. [26] So nimmt sich auch der Geist unserer Schwachheit an. Denn wir wissen nicht, was wir in rechter Weise beten sollen; der Geist selbst tritt jedoch für uns ein mit unaussprechlichen Seufzern. [27] Der die Herzen erforscht, weiß, was die Absicht des Geistes ist. Denn er tritt so, wie Gott es will, für die Heiligen ein. [28] Wir wissen aber, dass denen, die Gott lieben, alles zum Guten gereicht, denen, die gemäß seinem Ratschluss berufen sind; [29] denn diejenigen, die er im Voraus erkannt hat, hat er auch im Voraus dazu bestimmt, an Wesen und Gestalt seines Sohnes teilzuhaben, damit dieser der Erstgeborene unter vielen Brüdern sei. [30] Die er aber vorausbestimmt hat, die hat er auch berufen, und die er berufen hat, die hat er auch gerecht gemacht; die er aber gerecht gemacht hat, die hat er auch verherrlicht.

[31] Was sollen wir nun dazu sagen? Ist Gott für uns, wer ist dann gegen uns? [32] Er hat seinen eigenen Sohn nicht verschont, sondern ihn für uns alle hingegeben - wie sollte er uns mit ihm nicht alles schenken? [33] Wer kann die Auserwählten Gottes anklagen? Gott ist es, der gerecht macht. [34] Wer kann sie verurteilen? Christus Jesus, der gestorben ist, mehr noch: Der auferweckt worden ist, er sitzt zur Rechten Gottes und tritt für uns ein. [35] Was kann uns scheiden von der Liebe Christi? Bedrängnis oder Not oder Verfolgung, Hunger oder Kälte, Gefahr oder Schwert? [36] Wie geschrieben steht: Um deinetwillen sind wir den ganzen Tag dem Tod ausgesetzt; wir werden behandelt wie Schafe, die man zum Schlachten bestimmt hat. [37] Doch in alldem tragen wir einen glänzenden Sieg davon durch den, der uns geliebt hat. [38] Denn ich bin gewiss: Weder Tod noch Leben, weder Engel noch Mächte, weder Gegenwärtiges noch Zukünftiges noch Gewalten, 39 weder Höhe oder Tiefe noch irgendeine andere Kreatur können uns scheiden von der Liebe Gottes, die in Christus Jesus ist, unserem Herrn.

9 Der Stammbaum der Gesinnung

1	Israel ist das auserwählte Volk, das Vorzüge genießt.
2	Gott hat mit Israel einen Bund geschlossen.
3	Gott hat sich Israel offenbart.
4	Gott hat sich Israel versprochen.

In Christus hat sich Gott zum Israeliten gemacht.

In Christus ist Gott seinem auserwählten Volk gleich geworden. Er selbst hat sich dem Gesetz untergeordnet. Jesus hat nie auch nur andeutungsweise das Gesetz, den Dekalog, infrage gestellt. Er hat nur den Inhalt erklärt, Zusammenhänge wieder zurechtgerückt und den Aspekt der Liebe zentral gestellt.

Matthäus 5:
[18] Bis Himmel und Erde vergehen, wird nicht vergehen der kleinste Buchstabe noch ein Tüpfelchen vom Gesetz.

Jesus setzt die Gebote nicht außer Kraft. Als frommer Jude stellt er klar, dass das Gesetz gilt und gültig bleiben wird. Doch Jesus stellt nicht die Gesetze in den Mittelpunkt des Lebens, sondern das Leben in den Mittelpunkt der Gesetze. Das zeigt sich in der Frage: «Soll man am Sabbat Gutes tun oder Böses tun, Leben erhalten oder töten?»[51] Es geht Jesus nicht um eine buchstabengetreue Befolgung bestimmter Vorschriften. Es geht ihm darum, dass der Mensch eine bestimmte Gesinnung haben und diese leben soll: «Du sollst den Herrn, deinen Gott, lieben von ganzem Herzen, von ganzer Seele und von ganzem Gemüt.» Und: «Du sollst deinen Nächsten lieben wie dich selbst.»[52]

Wenn Menschen dieser Gesinnung nach handeln, müssen Gesetze nicht bis ins kleinste «Jota» das Leben regeln. Wenn die Liebe zu Gott und die Liebe zum Mitmenschen das Handeln bestimmt, hat sich Gottes Plan erfüllt: «Ich will mein Gesetz in ihr Herz geben und in ihren Sinn schreiben.»[53] Wenn die

---

[51] Markus 3,4
[52] Matthäus 22, 37-39
[53] Jeremia 31,33

Menschen Gott und ihren Nächsten ehren, kann davon aus-
gegangen werden, dass ihre Gesinnung dem Geist Gottes entspricht, ihm ähnlich ist: Dem Geist, dem auch die Gebote ent-
sprungen sind. Die Gesetze existieren nicht als Werkzeug der
Unterdrückung, sie existieren, um frei zu machen: Damit die
Menschen miteinander in Freiheit leben können, und damit
ihre Gesinnung frei ist für eine Beziehung zu Gott. Deshalb
antwortete Jesus auch: «Der Sabbat ist um des Menschen willen gemacht und nicht der Mensch um des Sabbats willen.»[54]

Durch seine Menschwerdung ist Jesus aber auch allen Menschen gleich geworden. Denn Abstammung zeichnet zwar
aus, jedoch ist der Mensch nicht aufgrund seiner Abstammung gerettet: Abstammung rechtfertigt nicht allein.

9.1 Gesinnung ist unabhängig von der Abstammung

Nicht «Kinder des Fleisches», sondern «Kinder der Verheißung» werden als Nachkommen gerechnet. Die Gesinnung,
nicht die Abstammung ist ausschlaggebend, denn Gott sieht
den EINZELNEN, nicht den STAMMBAUM[55].

Gerechtigkeit stammt aus Glauben und das Gesetz hilft dabei,
die rechte Gesinnung zu prüfen. Glaube schafft Gesinnung
und Gesinnung schafft Glaube. Gerechtigkeit kann nicht nur
aus Werken stammen, Gerechtigkeit bedingt Glauben und
Gesinnung.

---

[54] Markus 2, 28
[55] Apg 13, 38-39: So sei euch nun kund, ihr Brüder, dass durch diesen (Christus) euch Vergebung
der Sünden verkündigt wird; und von allem, wovon ihr durch das Gesetz Moses nicht gerechtfertigt werden konntet, wird durch diesen jeder Glaubende gerechtfertigt.

DER BRIEF AN DIE RÖMER, KAPITEL 9

[1] Ich sage in Christus die Wahrheit und lüge nicht und mein Gewissen bezeugt es mir im Heiligen Geist: [2] Ich bin voll Trauer, unablässig leidet mein Herz. [3] Ja, ich wünschte selbst verflucht zu sein, von Christus getrennt, um meiner Brüder willen, die der Abstammung nach mit mir verbunden sind. [4] Sie sind Israeliten; ihnen gehören die Sohnschaft, die Herrlichkeit und die Bundesschlüsse; ihnen ist das Gesetz gegeben, der Gottesdienst und die Verheißungen; [5] ihnen gehören die Väter und ihnen entstammt der Christus dem Fleische nach. Gott, der über allem ist, er sei gepriesen in Ewigkeit. Amen.

[6] Es ist aber keineswegs so, dass Gottes Wort hinfällig geworden ist. Denn nicht alle, die aus Israel stammen, sind Israeliten; [7] auch sind nicht alle, weil sie Nachkommen Abrahams sind, deshalb schon seine Kinder, sondern es heißt: In Isaak wird dir Nachkommenschaft berufen. [8] Das bedeutet: Nicht die Kinder des Fleisches sind Kinder Gottes, sondern die Kinder der Verheißung werden als Nachkommen anerkannt; [9] denn es ist eine Verheißung, wenn gesagt wird: Um diese Zeit werde ich kommen, dann wird Sara einen Sohn haben. [10] So war es aber nicht nur bei ihr, sondern auch bei Rebekka, die von einem einzigen Mann empfangen hatte, von unserem Vater Isaak; [11] denn ihre Kinder waren noch nicht geboren und hatten weder Gutes noch Böses getan; damit aber Gottes freie Wahl und Vorherbestimmung gültig bleiben, [12] nicht abhängig von Werken, sondern von ihm, der beruft, wurde ihr gesagt: Der Ältere muss dem Jüngeren dienen; [13] wie geschrieben steht: Jakob habe ich geliebt, Esau aber gehasst.

[14] Was sollen wir nun sagen? Handelt Gott ungerecht? Keineswegs! [15] Denn zu Mose sagt er: Ich schenke Erbarmen, wem ich will, und erweise Gnade, wem ich will. [16] Also kommt es nicht auf das Wollen und Laufen des Menschen an, sondern auf den sich erbarmenden Gott. [17] Denn in der Schrift wird zum Pharao gesagt: Eben dazu habe ich dich bestimmt, dass ich an dir meine Macht zeige und dass auf der ganzen Erde mein Name verkündet wird. [18] Er erbarmt sich also, wessen er will, und macht verstockt, wen er will.

[19] Nun wirst du einwenden: Wie kann er dann noch anklagen, wenn niemand seinem Willen zu widerstehen vermag? [20] O Mensch, wer bist du denn, dass du mit Gott rechten willst? Sagt etwa das Werk zu dem, der es geschaffen hat: Warum hast du mich so gemacht? [21] Ist nicht vielmehr der Töpfer Herr über den Ton? Kann er nicht aus derselben Masse ein Gefäß herstellen zu ehrenhaftem, ein anderes zu unehrenhaftem Gebrauch? [22] Wie aber, wenn Gott in der Absicht, seinen Zorn zu zeigen und seine Macht zu erweisen, die zur Vernichtung bereiteten Gefäße des Zorns mit großer Langmut ertragen hat, [23] auch um den Reichtum seiner Herrlichkeit an den Gefäßen des Erbarmens zu erweisen, die er zuvor zur Herrlichkeit bestimmt hat? [24] Sie hat er auch berufen, das sind wir, nicht allein aus den Juden, sondern auch aus den Heiden. [25] So spricht er auch bei Hosea: Ich werde als mein Volk berufen, was nicht mein Volk war, und als Geliebte jene, die nicht geliebt waren. [26] Und dort, wo ihnen gesagt wurde: Ihr seid nicht mein Volk, dort werden sie gerufen werden: Söhne des lebendigen Gottes. [27] Und Jesaja ruft über Israel aus: Wenn auch die Israeliten so zahlreich wären wie der Sand am Meer - nur der Rest wird gerettet werden. [28] Denn der Herr wird handeln, indem er sein Wort auf der Erde erfüllt und durchsetzt. [29] Ebenso hat Jesaja vorhergesagt: Hätte nicht der Herr Zebaoth uns Nachkommenschaft übriggelassen, wir wären wie Sodom geworden, wir wären Gomorra gleich.

[30] Was sollen wir nun sagen? Heiden, die nicht der Gerechtigkeit nachjagten, haben Gerechtigkeit empfangen, die Gerechtigkeit aber aus Glauben. [31] Israel aber, das dem Gesetz der Gerechtigkeit nachjagte, hat das Gesetz nicht erreicht. [32] Warum? Weil es ihm nicht um die Gerechtigkeit aus Glauben, sondern um die Gerechtigkeit aus Werken ging. Sie stießen sich am Stein des Anstoßes, [33] wie geschrieben steht: Siehe, ich richte in Zion einen Stein auf, an dem man anstößt, einen Fels, an dem man zu Fall kommt. Und wer an ihn glaubt, wird nicht zugrunde gehen.

10 Gottes Wertesystem

1	Es gibt nur eine Gerechtigkeit: Die Gerechtigkeit Gottes.
2	Gottes Gerechtigkeit zeigt sich in seinen Gesetzen.
3	Endziel des Gesetzes Gottes ist Christus und der Glaube an ihn.
4	Das Wort des Glaubens muss im Mund und im Herzen Platz finden.

Das Wort des Glaubens muss im Mund und im Herzen Platz finden: Der Glaube muss gesprochen, bewahrt und gelebt werden: Sprechen (verkünden), bewahren, leben: Das beinhaltet auch den christlichen Missionsauftrag. Wenn dies geschieht, ist Gottes Wertesystem aktiv. Dieses Wertesystem ist allumfassend. Es gibt kein alternatives Wertesystem, das dem Wertesystem Gottes, seinen Geboten und dem zentralen Aspekt der Liebe auch nur **einen** neu-wertigen Aspekt hinzufügt.

Gottes Wertesystem ist präzise formuliert, es wurde dem Menschen offenbart und an keiner Stelle in der Bibel - auch nur im Ansatz - außer Kraft gesetzt. Es war, ist und bleibt Maßstab für das Verhältnis des Menschen zu Gott.

Es ist unnütz im absoluten Sinn, sich ein eigenes Wertesystem zu definieren und zu etablieren. Alternative Wertesysteme bieten keinerlei Vorteil. Im Gegenteil, sie sind nachteilig, da sie den Einzelnen nicht rechtfertigen können. Da hilft es auch nichts, wenn sich der Einzelne aus rein rechtschaffenen Gründen diesem alternativen System unterworfen oder verschrieben hat.

Sobald der Einzelne das allumfassende Wertesystem Gottes kennt, so soll er dieses – auch und besonders um seiner Rechtfertigung willen – einhalten, nicht Alternativen folgen.

Als alternatives Wertesystem gilt auch, wenn nur bestimmte Aspekte des Gesetzes Gottes abgeändert sind.

Matthäus 28:

[16] Die elf Jünger gingen nach Galiläa auf den Berg, den Jesus ihnen genannt hatte. [17] Und als sie Jesus sahen, fielen sie vor ihm nieder. Einige aber hatten Zweifel. [18] Da trat Jesus auf sie zu und sagte zu ihnen: Mir ist alle Macht gegeben im Himmel und auf der Erde. [19] Darum geht zu allen Völkern und macht alle Menschen zu meinen Jüngern; tauft sie auf den Namen des Vaters und des Sohnes und des Heiligen Geistes, [20] und lehrt sie, alles zu befolgen, was ich euch geboten habe. Seid gewiss: Ich bin bei euch alle Tage bis zum Ende der Welt.

DER BRIEF AN DIE RÖMER, Kapitel 10

Brüder und Schwestern, ich wünsche von ganzem Herzen und bete zu Gott, dass sie gerettet werden. ²Denn ich bezeuge ihnen, dass sie Eifer haben für Gott, aber ohne Erkenntnis. ³Denn indem sie die Gerechtigkeit Gottes verkannten und ihre eigene Gerechtigkeit aufzurichten suchten, haben sie sich der Gerechtigkeit Gottes nicht unterworfen. ⁴Denn Ziel des Gesetzes ist Christus zur Gerechtigkeit für jeden, der glaubt.

⁵Denn Mose schreibt über die Gerechtigkeit aus dem Gesetz: Der Mensch, der dieses tut, wird darin leben. ⁶Die Gerechtigkeit aus dem Glauben aber spricht: Sag nicht in deinem Herzen: Wer wird in den Himmel hinaufsteigen? Das heißt: Christus herabzuholen. ⁷Oder: Wer wird in den Abgrund hinabsteigen? Das heißt: Christus von den Toten heraufzuführen. ⁸Sondern was sagt sie? Nahe ist dir das Wort in deinem Mund und in deinem Herzen. Das heißt: das Wort des Glaubens, das wir verkünden; ⁹denn wenn du mit deinem Mund bekennst: Herr ist Jesus - und in deinem Herzen glaubst: Gott hat ihn von den Toten auferweckt, so wirst du gerettet werden. ¹⁰Denn mit dem Herzen glaubt man und das führt zur Gerechtigkeit, mit dem Mund bekennt man und das führt zur Rettung. ¹¹Denn die Schrift sagt: Jeder, der an ihn glaubt, wird nicht zugrunde gehen. ¹²Denn darin gibt es keinen Unterschied zwischen Juden und Griechen. Denn alle haben denselben Herrn; aus seinem Reichtum beschenkt er alle, die ihn anrufen. ¹³Denn jeder, der den Namen des Herrn anruft, wird gerettet werden.

¹⁴Wie sollen sie nun den anrufen, an den sie nicht glauben? Wie sollen sie an den glauben, von dem sie nichts gehört haben? Wie sollen sie hören, wenn niemand verkündet? ¹⁵Wie soll aber jemand verkünden, wenn er nicht gesandt ist? Wie geschrieben steht: Wie willkommen sind die Füße der Freudenboten, die Gutes verkünden! ¹⁶Doch nicht alle sind dem Evangelium gehorsam geworden. Denn Jesaja sagt: Herr, wer hat unserer Kunde geglaubt? ¹⁷So gründet der Glaube in der Botschaft, die Botschaft aber im Wort Christi. ¹⁸Aber, so frage ich: Haben sie etwa nicht gehört? Ja doch: In die ganze Welt ist ihr Schall gedrungen und bis an die Enden der Erde ihre Worte. ¹⁹Aber ich frage: Hat etwa Israel nicht verstanden? Zunächst antwortet Mose: Ich will euch eifersüchtig machen auf ein Volk, das kein Volk ist; auf ein unverständiges Volk will ich euch zornig machen. ²⁰Aber Jesaja wagt sogar zu sagen: Ich ließ mich finden von denen, die nicht nach mir suchten; ich offenbarte mich denen, die nicht nach mir fragten. ²¹Über Israel aber sagt er: Den ganzen Tag habe ich meine Hände ausgestreckt nach einem ungehorsamen und widerspenstigen Volk.

11 Der Fall Israel

1. Da Israel nicht nachhaltig glaubte und bekannte, erweiterte Gott seinen Bund mit den Menschen und seine Offenbarung.
2. Das Beispiel der Nationen sollte die Einsicht oder die Eifersucht Israel wecken, damit es erkennt, dass es als Volk nicht allein prädestiniert ist, geheiligt zu sein.
3. Israel ist ein Weinstock, dessen Wurzeln (Abraham) immer geheiligt bleiben werden, auch wenn die Reben dürr sind.

Der Fall Israel: Der andauernde Ungehorsam Israels wurde zum Heil für die Nationen[56]. Am Beispiel der Fremden (Heiden) sollte sich Israels Eifersucht entzünden. In diesem «Schachzug» sieht Gott in «seinen» Menschen wirklich «seine» Kinder und rückt ihnen mit Pädagogik zu Leibe[57].

Doch auch die Nationen sollen Israel gegenüber nicht überheblich werden, denn eine Gesinnung in Christus schließt Überheblichkeit aus. Gott bleibt seinem Volk treu, auch wenn er mit allen Menschen nun seinen Bund geschlossen hat. Niemand hat eine Sonderrolle, auch nicht das auserwählte Volk. Die Offenbarung, der Heilsplan und der Bund gelten allen NATIONEN.

Aus Stolz soll Demut werden, aus Eifersucht Rechtschaffenheit: Demut – dieser Begriff scheint nicht mehr recht in unsere Zeit zu passen. In einer Zeit, in der der Mensch immer mehr wie ein Monolith um sich selbst kreist und sich selbst das eigene Sonnensystem ist – der Mensch steht im Mittelpunkt UND umkreist dabei sich selbst – scheint Demut nicht in das Konzept der Selbstoptimierung zu passen. Zu sehr denkt man bei Demut an Unterwürfigkeit, Kleinbeigeben,

Epheser 4:

2 In aller Demut und Sanftmut, in Geduld. Ertragt einer den andern in Liebe.

---

[56] Mit Nationen meinen die Autoren der Bibel immer allgemein alle Menschen, ohne Rücksicht auf Herkunft, Abstammung oder Bildung.
[57] Wer kennt nicht die überschwänglich schmatzenden und «hm, lecker» jubelnden Eltern, wenn es gilt dem Baby einen nicht sehr leckeren, aber gesunden Brei schmackhaft zu machen?

Duckmäusertum: Nur nicht Aufmucken, alles geduldig ertragen. Doch die Autoren der Bibel verstehen Demut in einem anderen Zusammenhang:

Offenbarung 1:

Dem, der uns liebt und uns von unseren Sünden erlöst hat durch sein Blut [6] und uns gemacht hat zu einem Königtum, zu Priestern.

Demut wird häufig in Zusammenhang mit Sanftmut, Geduld und Liebe gedacht. Demut und Respekt gehen Hand in Hand. Demütig sein bedeutet, den Gegenüber zu respektieren, ihm Ehre zu erweisen. Demütig sein bedeutet, sich nicht selbst in den Mittelpunkt des eigenen Sonnensystems zu stellen. So kann Demut Grundvoraussetzung sein für «Reichtum, Ehre und Leben»[58]. Demütig sein bedeutet aber nicht, sein Licht unter den Scheffel zu stellen. Im Gegenteil: Schließlich schuf Gott «den Menschen zu seinem Bilde, zum Bilde Gottes schuf er ihn; und schuf sie als Mann und Frau».[59]

11.1 Ich bin der Weinstock

Da Israel nicht für den Bund einstand, wurden Zweige des Weinstocks Israel aus ihm herausgebrochen und Zweige aus den Nationen eingepfropft. Der Wurzelstock aber blieb bestehen.

Im Übrigen steht nicht nur Israel in Gefahr, dem Baumschnitt zum Opfer zu fallen. Jeder Einzelne steht in dieser Gefahr: Deshalb sollen die Zweige nicht verdorren, sondern Früchte tragen.

Um im Bild des Weinstocks zu bleiben: Dies kann nur geschehen, wenn der Zweig von der Wurzel her Nahrung zieht. Die Wurzel aber steht sinnbildlich für das Alte Testament, für das Gesetz[60].

DER BRIEF AN DIE RÖMER, Kapitel 11

[1] Ich frage also: Hat Gott sein Volk verstoßen? Keineswegs! Denn auch ich bin ein Israelit, ein Nachkomme Abrahams, aus dem Stamm Benjamin. [2] Gott hat sein Volk nicht verstoßen, das er im Voraus erwählt hat.

---

[58] Sprüche 22,4
[59] 1 Mose 1,27
[60] Gott steht zu seinem Bund, sonst hätte er den Weinstock samt Wurzel ausgerissen.

Oder wisst ihr nicht, was die Schrift von Elija sagt, wie er vor Gott gegen Israel Klage führt? [3] Herr, sie haben deine Propheten getötet und deine Altäre zerstört. Ich allein bin übriggeblieben und nun trachten sie auch mir nach dem Leben. [4] Aber was sagt ihm der Gottesspruch? Ich habe siebentausend Männer für mich übriggelassen, die ihr Knie nicht vor Baal gebeugt haben. [5] Ebenso gibt es auch in der gegenwärtigen Zeit einen Rest, der aus Gnade erwählt ist - [6] wenn aber aus Gnade, dann nicht mehr aufgrund von Werken, weil sonst die Gnade nicht mehr Gnade wäre.

[7] Was bedeutet das nun? Was Israel erstrebt, das hat es nicht erlangt, aber der erwählte Rest hat es erlangt; die Übrigen aber wurden verstockt, [8] wie geschrieben steht: Gott gab ihnen einen Geist der Betäubung, Augen, die nicht sehen, und Ohren, die nicht hören, bis zum heutigen Tag. [9] Und David sagt: Ihr Opfertisch werde für sie zur Schlinge und zur Falle, zur Ursache des Sturzes und der Bestrafung. [10] Ihre Augen sollen erblinden, sodass sie nicht sehen; ihren Rücken beuge ständig!

[11] Nun frage ich: Sind sie etwa gestrauchelt, damit sie zu Fall kommen? Keineswegs! Vielmehr kam durch ihren Fehltritt das Heil zu den Heiden, um sie selbst eifersüchtig zu machen. [12] Wenn aber ihr Fehltritt Reichtum für die Welt bedeutet und ihre geringe Zahl Reichtum für die Heiden, um wie viel mehr ihre Vollzahl! [13] Euch aber, den Heiden, sage ich: Gerade als Apostel der Heiden preise ich meinen Dienst, [14] weil ich hoffe, die Angehörigen meines Volkes eifersüchtig zu machen und wenigstens einige von ihnen zu retten. [15] Denn wenn schon ihre Zurückweisung für die Welt Versöhnung bedeutet, was wird dann ihre Annahme anderes sein als Leben aus den Toten?

[16] Ist aber die Erstlingsgabe vom Teig heilig, so ist es auch der ganze Teig; und ist die Wurzel heilig, so sind es auch die Zweige. [17] Wenn aber einige Zweige herausgebrochen wurden, du aber als Zweig vom wilden Ölbaum mitten unter ihnen eingepfropft wurdest und damit Anteil erhieltest an der kraftvollen Wurzel des edlen Ölbaums, [18] so rühme dich nicht gegen die anderen Zweige! Wenn du dich aber rühmst, sollst du wissen: Nicht du trägst die Wurzel, sondern die Wurzel trägt dich. [19] Nun wirst du sagen: Die Zweige wurden doch herausgebrochen, damit ich eingepfropft werde. [20] Gewiss, wegen des Unglaubens wurden sie herausgebrochen. Du aber stehst durch den Glauben. Sei daher nicht überheblich, sondern fürchte dich! [21] Hat nämlich Gott die Zweige, die von Natur zum edlen Baum gehören, nicht verschont, so wird er auch dich nicht verschonen. [22] Siehe nun die Güte Gottes und seine Strenge! Die Strenge gegen jene, die gefallen sind, Gottes Güte aber gegen dich, sofern du in seiner Güte bleibst; sonst wirst auch du herausgehauen werden. [23] Ebenso werden auch jene, wenn sie nicht im Unglauben bleiben, wieder eingepfropft werden; denn Gott hat die Macht, sie wieder einzupfropfen. [24] Wenn du nämlich aus dem von Natur wilden Ölbaum herausgehauen und gegen die Natur in den edlen Ölbaum eingepfropft wurdest, dann werden erst recht sie als die von Natur zugehörigen Zweige ihrem eigenen Ölbaum wieder eingepfropft werden.

[25] Denn ich will euch, Brüder und Schwestern, nicht in Unkenntnis über dieses Geheimnis lassen, damit ihr euch nicht selbst für klug haltet: Verstockung liegt auf einem Teil Israels, bis die Vollzahl der Heiden hereingekommen ist, [26] und so wird ganz Israel gerettet werden, wie geschrieben steht:

Es wird kommen aus Zion der Retter, / er wird alle Gottlosigkeit von Jakob entfernen. [27] Und das ist der Bund, den ich für sie gestiftet habe, / wenn ich ihre Sünden hinwegnehme. [28] Vom Evangelium her gesehen sind sie Feinde, und das um euretwillen; von ihrer Erwählung her gesehen aber sind sie Geliebte, und das um der Väter willen. [29] Denn unwiderruflich sind die Gnadengaben und die Berufung Gottes. [30] Denn wie ihr einst Gott ungehorsam wart, jetzt aber infolge ihres Ungehorsams Erbarmen gefunden habt, [31] so sind auch sie infolge des Erbarmens, das ihr gefunden habt, ungehorsam geworden, damit jetzt auch sie Erbarmen finden. [32] Denn Gott hat alle in den Ungehorsam eingeschlossen, um sich aller zu erbarmen.

[33] O Tiefe des Reichtums, der Weisheit und der Erkenntnis Gottes! Wie unergründlich sind seine Entscheidungen, wie unerforschlich seine Wege! [34] Denn wer hat die Gedanken des Herrn erkannt? Oder wer ist sein Ratgeber gewesen? [35] Oder wer hat ihm etwas gegeben, sodass Gott ihm etwas zurückgeben müsste? [36] Denn aus ihm und durch ihn und auf ihn hin ist die ganze Schöpfung. Ihm sei Ehre in Ewigkeit! Amen.

12 Ein Gott gefälliges Opfer

1	Der Leib, der Körper soll ein lebendiges, heiliges, Gott wohlgefälliges Opfer sein.
2	Der Glaube erneuert den Sinn (die Gesinnung) und verwandelt den Menschen.
3	In Christus sind ALLE Gläubigen EIN Leib und VIELE Glieder.
4	Der Grundsatz der Liebe ist das Leitmotiv des Handelns.
5	Der Mensch soll nicht nach Vergeltung sinnen: Gott wird richten und rechtfertigen.

Wie in Korinther 12, so zeichnet Paulus auch in diesem Kapitel des Römerbriefes die Gemeinde als ein Leib: den Leib Christi. Die Glieder dieses Leibes sind nun wiederum die Leiber der Gläubigen[61]. Der Leib, der Körper[62] des Menschen soll ein lebendiges, heiliges, Gott gefälliges Opfer sein.

Petrus definiert dies in einem seiner Briefe genauer: Die Gläubigen sollen sich «als lebendige Steine zum geistlichen Haus erbauen und zur heiligen Priesterschaft, zu opfern geistliche Opfer, die Gott wohlgefällig sind durch Jesus Christus».[63] Das Neue Testament spricht also nicht vom materiellen Opfern, keine Tieropfer, Brandopfer oder ähnliches. Geld ist auch kein Opfer, Geld wird als Gabe verstanden. Die geistliche Haltung, die der Mensch seinen Mitmenschen und Gott gegenüber einnimmt, ist es, was als gottgefälliges Opfer bezeichnet wird: Gottgefällig durch Christus, der – um den Gedanken des Priestertums wieder aufzunehmen – als Hoherpriester diese Opfer annimmt und «darbringt». Da Jesus die Gesinnung jedes einzelnen kennt, wird erst durch ihn als Mittler diese Opfergabe zum Segen.

---

[61] Korinther 12, 12-13: Denn wie der Leib einer ist und hat doch viele Glieder, alle Glieder des Leibes aber, obwohl sie viele sind, doch ein Leib sind: so auch Christus. Denn wir sind durch einen Geist alle zu einem Leib getauft, wir seien Juden oder Griechen, Sklaven oder Freie, und sind alle mit einem Geist getränkt.

[62] 1. Korinther 6,19: Oder wisset ihr nicht, dass euer Leib ein Tempel des Heiligen Geistes ist, welchen ihr habt von Gott, und seid nicht euer selbst?

[63] 1 Petrus 2,5

12.1 Der Leib, ein gottgefälliges Opfer

Geist und Seele werden in der Bibel nicht eindeutig voneinander unterschieden, sondern bilden eine Einheit, die von Gott stammt. Denn durch den Odem Gottes wird der menschliche Körper eine Seele: «Da bildete Gott, der HERR, den Menschen, aus Staub vom Erdboden und hauchte in seine Nase Atem des Lebens; so wurde der Mensch eine lebende Seele»[64].

Wenn nun der Leib stellvertretend für das gottgefällige, geistliche Opfer steht und gleichzeitig als Opferstätte dient, ist es nur konsequent, dass der Mensch auf seinen Körper, das Symbol eines Tempels, achten[65] und ihn pflegen soll.

Doch so wie jeder Einzelne auf seinen Körper achten soll, so soll dies auch die Gesamtheit der Gläubigen tun: Denn in Christus sind alle Gläubigen ein Leib und viele Glieder und formen als lebendige Steine ein geistliches Haus[66]: Kein Glied ist dem anderen überlegen, nur im Einklang funktioniert der Leib.

Jedes Glied erfüllt (s)eine Funktion. So ist es auch mit den Gläubigen als Glieder des einen Leibes. Die Glieder des Leibes sollen einander «gleichgesinnt» sein. Und diese Gleichgesinnung ist das <u>Leitmotiv der Liebe</u> im Leben und Handeln.

1 Korinther 6:

[19] Oder wisset ihr nicht, dass euer Leib ein Tempel des Heiligen Geistes ist, welchen ihr habt von Gott, und seid nicht euer selbst. [20] Denn ihr seid teuer erkauft; darum so preist Gott an eurem Leibe und in eurem Geiste, welche sind Gottes.

---

[64] 1 Mose 2

[65] Die Bibel gibt im Alten Testament ein klares Bekenntnis zu Gemüse und alkoholfreien Getränken: Aber Daniel nahm sich in seinem Herzen vor, sich nicht mit der Tafelkost des Königs und mit dem Wein, den er trank, unrein zu machen; und er erbat sich vom Obersten der Hofbeamten, dass er sich nicht unrein machen müsse. Und Gott gab Daniel Gnade und Erbarmen vor dem Obersten der Hofbeamten. Und der Oberste der Hofbeamten sagte zu Daniel: Ich fürchte meinen Herrn, den König, der eure Speise und euer Getränk bestimmt hat. Denn warum sollte er sehen, dass eure Gesichter schlechter aussehen als die der jungen Männer eures Alters, so dass ihr meinen Kopf beim König verwirktet? Da sagte Daniel zu dem Aufseher, den der Oberste der Hofbeamten über Daniel, Hananja, Mischaël und Asarja bestellt hatte: Versuche es doch zehn Tage lang mit deinen Knechten, dass man uns Gemüse zu essen und Wasser zu trinken gebe! Und dann möge unser Aussehen und das Aussehen der jungen Männer, die die Tafelkost des Königs essen, von dir geprüft werden! Dann verfahre mit deinen Knechten je nachdem, was du sehen wirst! Und er hörte auf sie in dieser Sache und versuchte es zehn Tage mit ihnen. Und am Ende der zehn Tage zeigte sich ihr Aussehen schöner und wohl genährter als das aller jungen Männer, die die Tafelkost des Königs aßen. (Daniel 1, 8-15)

[66] 1 Petrus 2,5

Böses soll nicht vorkommen: Weder im Denken noch im Handeln – weder passiv noch aktiv.

So soll der Mensch nicht nach hohen (nicht zu erreichenden) Dingen trachten, sondern die niedrigen (zu erreichenden) GUT, GOTT GEFÄLLIG und möglichst VOLLKOMMEN erfüllen[67]. Dazu ist der gläubige Mensch auch in der Lage: Denn der Glaube erneuert den Sinn und verwandelt die Menschen, um im Einklang mit Gottes Willen zu sein und das Gute, Wohlgefällige und Vollkommene zu erstreben.

DER BRIEF AN DIE RÖMER, Kapitel 12

[1] Ich ermahne euch also, Brüder und Schwestern, kraft der Barmherzigkeit Gottes, eure Leiber als lebendiges, heiliges und Gott wohlgefälliges Opfer darzubringen - als euren geistigen Gottesdienst. [2] Und gleicht euch nicht dieser Welt an, sondern lasst euch verwandeln durch die Erneuerung des Denkens, damit ihr prüfen und erkennen könnt, was der Wille Gottes ist: das Gute, Wohlgefällige und Vollkommene!
[3] Denn aufgrund der Gnade, die mir gegeben ist, sage ich einem jeden von euch: Strebt nicht über das hinaus, was euch zukommt, sondern strebt danach, besonnen zu sein, jeder nach dem Maß des Glaubens, das Gott ihm zugeteilt hat! [4] Denn wie wir an dem einen Leib viele Glieder haben, aber nicht alle Glieder dieselbe Aufgabe haben, [5] so sind wir, die vielen, ein Leib in Christus, als Einzelne aber sind wir Glieder, die zueinander gehören. [6] Wir haben unterschiedliche Gaben, je nach der uns verliehenen Gnade. Hat einer die Gabe prophetischer Rede, dann rede er in Übereinstimmung mit dem Glauben; [7] hat einer die Gabe des Dienens, dann diene er. Wer zum Lehren berufen ist, der lehre; [8] wer zum Trösten und Ermahnen berufen ist, der tröste und ermahne. Wer gibt, gebe ohne Hintergedanken; wer Vorsteher ist, setze sich eifrig ein; wer Barmherzigkeit übt, der tue es freudig.
[9] Die Liebe sei ohne Heuchelei. Verabscheut das Böse, haltet fest am Guten! [10] Seid einander in brüderlicher Liebe zugetan, übertrefft euch in gegenseitiger Achtung! [11] Lasst nicht nach in eurem Eifer, lasst euch vom Geist entflammen und dient dem Herrn! [12] Freut euch in der Hoffnung, seid geduldig in der Bedrängnis, beharrlich im Gebet! [13] Nehmt Anteil an den Nöten der Heiligen; gewährt jederzeit Gastfreundschaft! [14] Segnet eure Verfolger; segnet sie, verflucht sie nicht! [15] Freut euch mit den Fröhlichen und weint mit den Weinenden! [16] Seid untereinander eines Sinnes; strebt nicht hoch hinaus, sondern bleibt demütig! Haltet euch nicht selbst für klug! [17] Vergeltet niemandem Böses mit Bösem! Seid allen Menschen gegenüber auf Gutes bedacht! [18] Soweit es euch möglich ist, haltet mit allen Menschen Frieden! [19] Übt nicht selbst Vergeltung, Geliebte, sondern lasst Raum für das Zorngericht Gottes; denn es steht geschrieben: Mein ist die Vergeltung, ich werde vergelten, spricht der Herr. [20] Vielmehr: Wenn dein Feind Hunger hat, gib ihm zu essen, wenn er Durst hat, gib ihm zu trinken; tust du das, dann sammelst du glühende Kohlen auf sein Haupt. [21] Lass dich nicht vom Bösen besiegen, sondern besiege das Böse durch das Gute!

---

[67] «Hoch und niedrig» hat hier keine wertende Bedeutung.

13 Gott ist gegen Anarchie

1	Staatliche Gewalt stammt von Gott.
2	Der Staat ist Gottes Diener.
3	Der Staat trägt das Schwert auf Geheiß Gottes und vollstreckt sein Urteil an dem, der Böses tut.
4	Der Mensch soll dem Staat untertan sein.

Der Mensch soll geben, was er schuldig ist: Ob Steuer oder Zoll, Furcht oder Ehre.

Römer 13 – ein schwieriges Kapitel. «Es gibt keine staatliche Gewalt, die nicht von Gott stammt», so schreibt Paulus hier. Hier regt sich sofort Widerspruch. Berechtigter Widerspruch.

Was ist mit den Tyrannen, den Diktaturen, dem Dritten Reich und all den anderen Unrechtsregimen? Sollen die allesamt gottgewollt sein? Von Gott eingesetzt?

Sicher nicht: Denn wer die Bibel aufmerksam studiert, wird merken, dass Gott mitnichten mit allen Staatsformen einverstanden war. Im Gegenteil: So manch hochmütigen König hat Gott belehrt[68], manch grausamen Herrscher aber auch vernichtet[69].

Um Paulus hier zu verstehen, müssen drei Prämissen gelten:

1. Paulus redet in Römer 13 vom idealen Staat – einem Staat, der zum Schutz seiner Bürger vor dem und den Bösen legitimiert wurde.
2. Der Staat als gerechte Schutzmacht: In diesem Verständnis ist der Staat von Gott gewollt.
3. Im Umkehrschluss: Anarchie ist NICHT gottgewollt.

---

[68] „Noch war das Wort im Mund des Königs, da kam eine Stimme aus dem Himmel: Dir, König Nebukadnezar, wird gesagt: Das Königtum ist von dir gewichen! Und man wird dich von den Menschen ausstoßen und bei den Tieren des Feldes wird deine Wohnung sein." Daniel 4, 27-29
[69] „So stürzte der HERR sie mitten ins Meer. Und das Wasser kam wieder und bedeckte Wagen und Reiter, das ganze Heer des Pharao, das ihnen nachgefolgt war ins Meer, sodass nicht einer von ihnen übrig blieb." Mose 14, 27-29

13.1 Materielle und immaterielle Unterstützung

Paulus fordert: Einer staatlichen Macht, definiert aus den Prämissen (1) und (2), soll sich der Einzelne unterordnen: Nicht in blinder Folgsamkeit, sondern in einer Art Gehorsam: Der Einzelne soll den gerechten Staat im geforderten Maß unterstützen, materiell und immateriell: Materiell sollen Steuer und Zoll den Staat in seinen Aufgaben unterstützen, immateriell – wie Paulus schreibt: Furcht und Ehre. Paulus fordert hier das, was Menschen, die in einer funktionierenden Demokratie leben, ebenfalls fordern:

Wenn ein Staat Sozialabgaben und Steuern dazu verwendet, für das Gemeinwohl zu sorgen, es zu garantieren, instand zu halten und auszubauen, richtet sich auch unser Rechtsempfinden gegen Steuerhinterziehung und Sozialbetrug.

«Furcht und Ehre», die Paulus als immaterielle Gaben einfordert, mögen uns in unserer Zeit zunächst etwas aus der Zeit gefallen erscheinen. Und dennoch ist dieser Gedanke ebenfalls verständlich und nachvollziehbar. Nur wenn die staatliche Autorität respektiert wird, kann sie auch lenkend und steuernd eingreifen.

Nur wenn (gerechtfertigte, staatliche) Anordnungen befolgt werden, nur wenn im gesellschaftspolitischen Diskurs nicht Vorurteil und Häme die Diskussion beherrschen, nur wenn staatliche Vertreter vom Volk legitimiert sind, nur dann können Gesetzgebung, Verwaltung und Aufbau funktionieren. Gegenseitigen Respekt und Wertschätzung – das meint Paulus mit Furcht und Ehre.

Selbstverständlich gilt dies für beide Seiten: Der Staat muss sein Volk wertschätzen, der Politiker die Wähler und die Wähler die «Staatsdiener». Ist dies nicht der Fall, ist Korruption, Vetternwirtschaft und Egoismus Tür und Tor geöffnet. Und sowohl Anarchie (Egoismus auf Seiten der Bürger) als auch Diktatur und Tyrannei (Egoismus auf staatstragender Seite) sind NICHT gottgewollt.

So soll der Mensch – laut Paulus – «geben, was er schuldig ist und niemandem etwas schuldig bleiben».

13.2 Gebt dem Kaiser, was des Kaisers ist

In diesem Kapitel des Römerbriefes kommt einem vermutlich eine Stelle aus den Evangelien in den Sinn: Jesus wird auf die Probe gestellt, indem er von den Pharisäern und deren Schülern gefragt wird, ob es denn rechtens sei, dem Kaiser Steuern zu zahlen: Hätte er mit «JA» geantwortet, hätte er sich mit den Steuereintreibern gemein gemacht. Hätte er mit «NEIN» geantwortet, hätte er sich gegen den Kaiser gestellt. Doch Jesus tappt nicht in diese Falle, sondern antwortet mit einer Gegenfrage: «Was ist auf den Geldstücken abgebildet?»

Das Bild des Kaisers und die Aufschrift «TI(BERIUS) CAESAR DIVI AUG(USTI) FI(LIUS) AUGUSTUS» und auf der Rückseite «PONTIF(EX) MAXIM(US)». Eine Inschrift, die den Kaiser in den Rang eines Gottes und eines Hohepriesters erhob. In diesem Zusammenhang bekommt die Antwort Jesu eine zweifache Bedeutung: «Gebt dem Kaiser, was des Kaisers ist».

Das kann bedeuten, zahlt Steuern, solange diese rechtens sind. Es kann aber auch bedeuten: Kaiserkult ist Götzendienst und Gotteslästerung. Deshalb gebt ihm seine Münzen zurück: «Damit wollt ihr nichts zu tun haben». Gebt dem Kaiser, was des Kaisers ist, gebt ihm aber nicht, was Gott gehört: Treue, Glaube, innige Verbundenheit, das sind die Pfeiler des Bundes Gottes mit den Menschen, gegründet auf wahrhaftiger Liebe zueinander – untereinander – und zu Gott.

13.3 Der große Schuldenberg der Liebe

Und hier sind wir wieder bei Paulus: Denn eines bleibt der Mensch in den Augen Paulus' immer schuldig: Liebe. Liebe kann der Mensch nie genug geben. Und wieder ist die Liebe zentrales Motiv, DAS ZENTRALE GEBOT:

«Denn die Liebe tut dem Nächsten nichts Böses». Die Liebe umfasst alle Gesetze und Gebote Gottes und befähigt uns, mühelos im Geiste Gottes zu leben und zu handeln.

Lukas 20:
Lehrer, wir wissen, dass du recht redest und lehrst und die Person nicht ansiehst, sondern den Weg Gottes in Wahrheit lehrst. [22] Ist es uns erlaubt, dem Kaiser Steuer zu geben oder nicht? [23] Aber er nahm ihre Arglist wahr und sprach zu ihnen: [24] Zeigt mir einen Denar! Wessen Bild und Aufschrift hat er? Sie aber antworteten und sprachen: Des Kaisers. [25] Er aber sprach zu ihnen: Gebt daher dem Kaiser, was des Kaisers ist, und Gott, was Gottes ist! [26] Und sie konnten ihn in seinem Wort vor dem Volk nicht fangen; und sie verwunderten sich über seine Antwort und schwiegen.

Wer ehrlich und uneigennützig liebt, KANN NICHT gegen die Gebote verstoßen: «Liebe Deinen Nächsten wie dich selbst»[70].

DER BRIEF AN DIE RÖMER, KAPITEL 13

[1] Jeder ordne sich den Trägern der staatlichen Gewalt unter. Denn es gibt keine staatliche Gewalt außer von Gott; die jetzt bestehen, sind von Gott eingesetzt. [2] Wer sich daher der staatlichen Gewalt widersetzt, stellt sich gegen die Ordnung Gottes, und wer sich ihm entgegenstellt, wird dem Gericht verfallen. [3] Vor den Trägern der Macht hat sich nicht die gute, sondern die böse Tat zu fürchten; willst du also ohne Furcht vor der staatlichen Gewalt leben, dann tue das Gute, sodass du ihre Anerkennung findest! [4] Denn sie steht im Dienst Gottes für dich zum Guten. Wenn du aber das Böse tust, fürchte dich! Denn nicht ohne Grund trägt sie das Schwert. Sie steht nämlich im Dienst Gottes und vollstreckt das Urteil an dem, der das Böse tut. [5] Deshalb ist es notwendig, sich unterzuordnen, nicht allein um der Strafe, sondern auch um des Gewissens willen. [6] Das ist auch der Grund, weshalb ihr Steuern zahlt; denn in Gottes Auftrag handeln jene, die Steuern einzuziehen haben. [7] Gebt allen, was ihr ihnen schuldig seid, Steuer, wem ihr Steuer schuldet, Zoll, wem ihr Zoll schuldet, Furcht, wem ihr Furcht schuldet, Ehre, wem ihr Ehre schuldet! [8] Niemandem bleibt etwas schuldig, außer der gegenseitigen Liebe! Wer den andern liebt, hat das Gesetz erfüllt. [9] Denn die Gebote: Du sollst nicht die Ehe brechen, du sollst nicht töten, du sollst nicht stehlen, du sollst nicht begehren! und alle anderen Gebote sind in dem einen Satz zusammengefasst: Du sollst deinen Nächsten lieben wie dich selbst. [10] Die Liebe tut dem Nächsten nichts Böses. Also ist die Liebe die Erfüllung des Gesetzes. [11] Und das tut im Wissen um die gegenwärtige Zeit: Die Stunde ist gekommen, aufzustehen vom Schlaf. Denn jetzt ist das Heil uns näher als zu der Zeit, da wir gläubig wurden. [12] Die Nacht ist vorgerückt, der Tag ist nahe. Darum lasst uns ablegen die Werke der Finsternis und anlegen die Waffen des Lichts! [13] Lasst uns ehrenhaft leben wie am Tag, ohne maßloses Essen und Trinken, ohne Unzucht und Ausschweifung, ohne Streit und Eifersucht! [14] Vielmehr zieht den Herrn Jesus Christus an und sorgt nicht so für euren Leib, dass die Begierden erwachen.

---

[70] Immanuel Kant, einer der bedeutendsten (deutschen) Philosophen, versuchte eine „Maxime für gerechtes Handeln" zu entwerfen und wurde für seinen KATEGORISCHEN IMPERATIV weltberühmt. *Handle so, dass die Maxime deines Willens jederzeit zugleich als Prinzip einer allgemeinen Gesetzgebung gelten könnte*. Kommt einem das nicht beKANTvor: Bleibe niemanden etwas schuldig und liebe deinen Nächsten wie Dich selbst.

14 Friede und Freude im Heiligen Geist

1	Gott allein richtet.
2	Niemand soll dem anderen Anstoss oder Fallstrick sein.
3	Das Reich Gottes besteht nicht aus Äußerlichkeiten, sondern aus Gerechtigkeit, aus Friede und Freude im Heiligen Geist.
4	Gesetzestreue bezieht sich nicht auf kultische Gesetze.

Gott allein richtet. Diese Aussage oder Feststellung bedeutet für uns oftmals, dass wir uns in unserem Urteil zurückhalten sollten. Paulus ist hier auch klar und eindeutig: Niemand soll den anderen wegen ÄUSSERLICHKEITEN richten. Paulus verdeutlicht aber ebenso: Niemand soll den anderen bewusst provozieren, sondern dessen Neigungen / Abneigungen respektieren. Damit stellt er aber keinen Freibrief für jegliches Verhalten aus.

14.1 Die den Herrn im Sinn haben

Dieser Aufruf zur gegenseitigen Toleranz bezieht sich primär auf diejenigen, die die Gemeinschaft suchen und ähnlicher Gesinnung sind: Die Gott im Sinn haben und entsprechend handeln: Niemand soll – im Besonderen hier – dem anderen Anstoß oder Fallstrick sein.

Persönliche Neigungen oder Abneigungen des Gegenübers sollen toleriert werden, solange diese den Grundwerten und Grundsätzen der Gottes-Gemeinschaft entsprechen.

Für Paulus gibt es ein unverrückbares Gesetz, - die 10 Gebote und darüber hinaus noch etliche Vereinbarungen und Übereinkünfte, denen – solange sie nicht dem von Gott gegebenen Gesetz widersprechen – mit Toleranz begegnet werden kann: Denn das Reich Gottes besteht nicht aus Äußerlichkeiten, sondern aus Gerechtigkeit und Friede sowie Freude im Heiligen Geist.

Wenn das Reich Gottes aus Gerechtigkeit besteht, so schließt das Reich Gottes Gesetzestreue mit ein. Doch diese Gesetzestreue bezieht sich <u>nicht</u> auf rein kultische Gesetze[71].

<u>Paulus fordert: Was man tut, soll man ohne Zweifel, aus voller Überzeugung und im Einklang mit Gottes Willen tun[72]</u>.

DER BRIEF AN DIE RÖMER, KAPITEL 14

[1] Nehmt den an, der im Glauben schwach ist, ohne mit ihm über verschiedene Auffassungen zu streiten! [2] Der eine glaubt, alles essen zu dürfen, der Schwache aber isst nur Gemüse. [3] Wer Fleisch isst, verachte den nicht, der es nicht isst; wer aber kein Fleisch isst, richte den nicht, der es isst. Denn Gott hat ihn angenommen. [4] Wer bist du, dass du den Diener eines anderen richtest? Durch seinen eigenen Herrn steht oder fällt er. Er wird aber stehen; denn der Herr hat die Macht, ihm Stand zu geben. [5] Der eine nämlich bevorzugt bestimmte Tage, der andere aber macht keinen Unterschied zwischen den Tagen. Jeder soll von seiner eigenen Auffassung überzeugt sein. [6] Wer einen bestimmten Tag bevorzugt, tut es zur Ehre des Herrn. Und wer Fleisch isst, tut es zur Ehre des Herrn; denn er dankt Gott dabei. Und wer kein Fleisch isst, unterlässt es zur Ehre des Herrn und auch er dankt Gott. [7] Denn keiner von uns lebt sich selber und keiner stirbt sich selber: [8] Leben wir, so leben wir dem Herrn, sterben wir, so sterben wir dem Herrn. Ob wir leben oder ob wir sterben, wir gehören dem Herrn. [9] Denn Christus ist gestorben und lebendig geworden, um Herr zu sein über Tote und Lebende. [10] Du aber, was richtest du deinen Bruder? Und du, was verachtest du deinen Bruder? Wir werden doch alle vor dem Richterstuhl Gottes stehen. [11] Denn es steht geschrieben: So wahr ich lebe, spricht der Herr, vor mir wird jedes Knie sich beugen und jede Zunge wird Gott preisen. [12] Also wird jeder von uns vor Gott Rechenschaft über sich selbst ablegen.

[13] Daher wollen wir uns nicht mehr gegenseitig richten. Achtet vielmehr darauf, dem Bruder keinen Anstoß zu geben und ihn nicht zu Fall zu bringen! [14] Ich weiß und bin im Herrn Jesus fest davon überzeugt, dass nichts unrein ist in sich selbst; unrein ist es nur für den, der es als unrein betrachtet. [15] Denn wenn wegen einer Speise, die du isst, dein Bruder verwirrt und betrübt wird, dann handelst du nicht mehr der Liebe gemäß. Richte durch deine Speise nicht die zugrunde, für die Christus gestorben ist! [16] Es darf doch euer wahres Gut nicht der Lästerung preisgegeben werden; [17] denn das Reich Gottes ist nicht Essen und Trinken, sondern Gerechtigkeit, Friede und Freude im Heiligen Geist. [18] Denn wer Christus so dient, ist Gott wohlgefällig und geachtet bei den Menschen. [19] Lasst uns also dem nachjagen, was dem Frieden dient und der gegenseitigen Auferbauung! [20] Reiß nicht wegen einer Speise das Werk Gottes nieder! Alle Dinge sind rein; schlecht ist es jedoch, wenn ein Mensch durch sein Essen Anstoß erregt. [21] Es ist nicht gut, Fleisch zu essen oder Wein zu trinken oder sonst etwas zu tun, wenn dein Bruder daran Anstoß nimmt. [22] Die Überzeugung, die du selbst hast, sollst du vor Gott haben. Wohl dem, der sich nicht zu verurteilen braucht bei dem, was er für recht hält. [23] Wer aber Zweifel hat, wenn er etwas isst, der ist gerichtet, weil er nicht aus der Überzeugung des Glaubens handelt. Alles, was nicht aus Glauben geschieht, ist Sünde.

---

[71] Rein und unrein definiert Paulus hier als kultisch rein und unrein. Fleisch, das auf Märkten gehandelt wurde, war oftmals Opferfleisch, das einem fremden Gott geweiht wurde.
[72] Die 10 Gebote sind hierfür Richtschnur und roter Faden in einem. Doch woran ein anderer sich stört, darauf soll man in dessen Beisein verzichten, solange der Verzicht nicht der oben aufgestellten Forderung entgegensteht.

15 Wahrheit als Grundlage

1	Die Starken sollen die Schwächen der anderen ertragen, dabei aber nicht selbstgefällig sein.
2	Die Wahrheit Gottes soll Grundlage des Handelns sein.
3	Die Verheißung Gottes gilt SEINEM VOLK und ALLEN Nationen.
4	Das Evangelium soll verkündet werden.

Die Beziehung Gottes zu den Menschen ist wie die Beziehung der Eltern zum Erstgeborenen (SEIN VOLK) und den übrigen Kindern (ALLE NATIONEN) oder wie die zum Ältesten und zum Jüngsten.

Auch in der Beziehung der Eltern zu ihren Kindern ist oftmals – bei gleicher Liebe – ein (gravierender) Unterschied zu beobachten: Während der Älteste vermeintlich besondere Rechte hat, hat der Jüngere scheinbar mehr Freiheiten. Die Pflichten sollten aber bei beiden gleich sein.

DER BRIEF AN DIE RÖMER, KAPITEL 15

[1] Wir müssen als die Starken die Schwäche derer tragen, die schwach sind, und dürfen nicht für uns selbst leben. [2] Jeder von uns soll dem Nächsten zu Gefallen leben, zum Guten und zur Auferbauung. [3] Denn auch Christus hat nicht sich selbst zu Gefallen gelebt; vielmehr steht geschrieben: Die Schmähungen derer, die dich schmähen, sind auf mich gefallen. [4] Denn alles, was einst geschrieben worden ist, ist zu unserer Belehrung geschrieben, damit wir durch Geduld und durch den Trost der Schriften Hoffnung haben. [5] Der Gott der Geduld und des Trostes aber schenke euch, eines Sinnes untereinander zu sein, Christus Jesus gemäß, [6] damit ihr Gott, den Vater unseres Herrn Jesus Christus, einmütig und mit einem Munde preist.

[7] Darum nehmt einander an, wie auch Christus uns angenommen hat, zur Ehre Gottes! [8] Denn, das sage ich, Christus ist um der Wahrhaftigkeit Gottes willen Diener der Beschnittenen geworden, um die Verheißungen an die Väter zu bestätigen; [9] die Heiden aber sollen Gott rühmen um seines Erbarmens willen, wie geschrieben steht: Darum will ich dich bekennen unter den Heiden und deinem Namen lobsingen.

[10] An anderer Stelle heißt es: Ihr Heiden, freut euch mit seinem Volk! [11] Und es heißt auch: Lobt den Herrn, alle Heiden, preisen sollen ihn alle Völker! [12] Und Jesaja sagt: Kommen wird der Spross aus der Wurzel Isais; er wird sich erheben, um über die Heiden zu herrschen. Auf ihn werden die Heiden hoffen.

[13] Der Gott der Hoffnung aber erfülle euch mit aller Freude und mit allem Frieden im Glauben, damit ihr reich werdet an Hoffnung in der Kraft des Heiligen Geistes.

[14] Meine Brüder und Schwestern, im Blick auf euch bin ich fest überzeugt, dass auch ihr voller Güte seid, erfüllt von aller Erkenntnis, und selbst imstande seid, einander zurechtzuweisen. [15] Um euch aber einiges in Erinnerung zu rufen, habe ich euch einen teilweise ziemlich kühnen Brief geschrieben. Ich tat es kraft der Gnade, die mir von Gott gegeben ist, [16] damit ich als Diener Christi Jesu für die Heiden wirke und das Evangelium Gottes wie ein Priester verwalte; denn die Heiden sollen eine Opfergabe werden, die Gott wohlgefällig ist, geheiligt im Heiligen Geist.

[17] In Christus Jesus kann ich mich also vor Gott rühmen. [18] Denn ich würde es nicht wagen, von etwas zu reden, was Christus nicht durch mich bewirkt hat, um die Heiden zum Gehorsam zu führen, in Wort und Tat, [19] in der Kraft von Zeichen und Wundern, in der Kraft des Geistes Gottes. So habe ich von Jerusalem aus in weitem Umkreis bis nach Illyrien überall das Evangelium Christi zur Erfüllung gebracht. [20] Dabei habe ich meine Ehre dafür eingesetzt, das Evangelium nicht dort zu verkünden, wo der Name Christi schon bekannt gemacht war, um nicht auf einem fremden Fundament zu bauen; [21] sondern wie geschrieben steht: Sehen werden die, denen nichts über ihn verkündet wurde, und die werden verstehen, die nichts gehört haben.

[22] Das ist es auch, was mich immer wieder gehindert hat, zu euch zu kommen. [23] Jetzt aber habe ich in diesen Gegenden kein Arbeitsfeld mehr, habe aber seit vielen Jahren das Verlangen, zu euch zu kommen, [24] wenn ich einmal nach Spanien reise; denn auf dem Weg dorthin hoffe ich euch zu sehen und dann von euch für die Weiterreise ausgerüstet zu werden, nachdem ich mich zuerst ein wenig an euch erfreut habe. [25] Doch jetzt gehe ich nach Jerusalem, um den Heiligen einen Dienst zu erweisen. [26] Denn Mazedonien und Achaia haben beschlossen, eine Sammlung als Zeichen ihrer Gemeinschaft für die Armen unter den Heiligen in Jerusalem durchzuführen. [27] Ja, das haben sie beschlossen und sie sind auch deren Schuldner. Denn wenn die Heiden an ihren geistlichen Gütern Anteil erhalten haben, so sind sie auch verpflichtet, ihnen mit irdischen Gütern zu dienen. [28] Wenn ich das abgeschlossen und ihnen den Ertrag der Sammlung versiegelt übergeben habe, will ich euch besuchen und dann nach Spanien weiterreisen. [29] Ich weiß aber, wenn ich zu euch komme, werde ich mit der Fülle des Segens Christi kommen.

[30] Ich bitte euch aber, Brüder und Schwestern, bei unserem Herrn Jesus Christus und bei der Liebe des Geistes: Kämpft mit mir in den Gebeten für mich vor Gott, [31] dass ich vor den Ungehorsamen in Judäa gerettet werde, dass mein Dienst an Jerusalem von den Heiligen dankbar aufgenommen wird [32] und dass ich, wenn es Gottes Wille ist, voll Freude zu euch kommen kann, um mit euch eine Zeit der Ruhe zu verbringen!

[33] Der Gott des Friedens aber sei mit euch allen! Amen.

16 Weise zum Guten, einfältig zum Bösen

1	Neben den Schwachen und Starken im Glauben gibt es auch die, die entgegen der Lehre stehen.
2	Von denen soll man sich fernhalten.
3	Diese dienen nicht GOTT / CHRISTUS, sondern sich selbst und rechtfertigen dies mit schönen Worten.
4	Sie dienen dem EIGENEN BAUCH.
5	Sei weise zum Guten, einfältig zum Bösen.

Paulus fordert von den Gläubigen, sich gegenseitig zu unterstützen. Die Starken sollen den Schwachen helfen. Die Starken sollen aber auch über deren Schwächen wohlwollend hinwegsehen. Paulus ruft jedoch nicht zu blinder Toleranz auf. Er macht deutlich: Es gibt unter den Christen auch jene, die entgegen der Lehre stehen: Die nicht Gott dienen, sondern dem «eigenen Bauch».

Paulus berichtet und warnt deutlich vor jenen, die sich nur den eigenen Bauch auf Kosten der anderen vollschlagen. Er berichtet und warnt vor jenen, die wissen, den eigenen Vorteil mit schönen und gelehrten Worten zu rechtfertigen und zu begründen.

Von diesen sollen sich die Menschen fernhalten. Denn diese nutzen die Gemeinschaft nur aus, zersetzen und schädigen sie.

Solche Opportunisten oder Gruppierungen gibt es in allen gesellschaftlichen, politischen und religiösen Bereichen. Paulus hält hier einen einfachen Rat parat: Sei weise zum Guten, einfältig zum Bösen.

Sei weise zum Guten: Beschäftige dich mit dem Guten, setze dich damit auseinander, studiere es und wende es in deinem Leben an. Wenn der Mensch das tut, wenn er die Bibel studiert, die Lehre Gottes / Christi annimmt, dann wird er in der Lage sein – so ist Paulus überzeugt – das Böse zu erkennen.

Auch wenn es nicht immer Schrecken und Grauen verbreitet, sondern facettenreich auftritt, oftmals auch liebenswert oder logisch, gelehrt und wissend erscheint: <u>Sei zum Bösen einfältig</u>: Verschwende keine Gedanken daran, beschäftige dich nicht (weiter) damit: Loyalität soll allein Gott gebühren, nicht den Traditionen, Institutionen oder einzelnen (religiösen) Führerfiguren.

DER BRIEF AN DIE RÖMER, KAPITEL 16

[1] Ich empfehle euch unsere Schwester Phöbe, die auch Dienerin der Gemeinde von Kenchreä ist: [2] Nehmt sie im Namen des Herrn auf, wie es Heilige tun sollen, und steht ihr in jeder Sache bei, in der sie euch braucht; denn für viele war sie ein Beistand, auch für mich selbst.

[3] Grüßt Prisca und Aquila, meine Mitarbeiter in Christus Jesus, [4] die für mein Leben ihren eigenen Kopf hingehalten haben; nicht allein ich, sondern alle Gemeinden der Heiden sind ihnen dankbar. [5] Grüßt auch die Gemeinde, die sich in ihrem Haus versammelt! Grüßt meinen lieben Epänetus, der die Erstlingsgabe der Provinz Asien für Christus ist! [6] Grüßt Maria, die für euch viel Mühe auf sich genommen hat! [7] Grüßt Andronikus und Junia, die zu meinem Volk gehören und mit mir zusammen im Gefängnis waren; sie ragen heraus unter den Aposteln und haben sich schon vor mir zu Christus bekannt. [8] Grüßt meinen im Herrn geliebten Ampliatus. [9] Grüßt Urbanus, unseren Mitarbeiter in Christus, und meinen geliebten Stachys! [10] Grüßt Apelles, der sich in Christus bewährt hat! Grüßt die aus dem Haus des Aristobul! [11] Grüßt Herodion, der zu meinem Volk gehört! Grüßt die aus dem Haus des Narzissus, die sich zum Herrn bekennen! [12] Grüßt Tryphäna und Tryphosa, die sich im Herrn gemüht haben! Grüßt die geliebte Persis; sie hat im Herrn große Mühe auf sich genommen! [13] Grüßt Rufus, der vom Herrn auserwählt ist; grüßt seine Mutter, die auch mir zur Mutter geworden ist! [14] Grüßt Asynkritus, Phlegon, Hermes, Patrobas, Hermas und die Brüder, die bei ihnen sind! [15] Grüßt Philologus und Julia, Nereus und seine Schwester, Olympas und alle Heiligen, die bei ihnen sind! [16] Grüßt einander mit dem heiligen Kuss! Es grüßen euch alle Gemeinden Christi.
[17] Ich ermahne euch aber, Brüder und Schwestern, auf die Acht zu geben, die im Widerspruch zu der Lehre, die ihr gelernt habt, Spaltung und Verwirrung verursachen: Haltet euch von ihnen fern! [18] Denn diese Leute dienen nicht Christus, unserem Herrn, sondern ihrem Bauch und sie verführen durch ihre schönen und gewandten Reden das Herz der Arglosen. [19] Doch euer Gehorsam ist allen bekannt; daher freue ich mich über euch und wünsche nur, dass ihr verständig bleibt, offen für das Gute, unzugänglich für das Böse. [20] Der Gott des Friedens aber wird den Satan bald zertreten und unter eure Füße legen. Die Gnade Jesu, unseres Herrn, sei mit euch!

[21] Es grüßen euch Timotheus, mein Mitarbeiter, und Lucius, Jason und Sosipater, die zu meinem Volk gehören. [22] Ich, Tertius, der Schreiber dieses Briefes, grüße euch im Namen des Herrn. [23] Es grüßt euch Gaius, der mich und die ganze Gemeinde gastlich aufgenommen hat. Es grüßt euch der Stadtkämmerer Erastus und der Bruder Quartus. [24] Die Gnade Jesu Christi, unseres Herrn, sei mit euch allen! Amen. [25] Dem aber, der die Macht hat, euch Kraft zu geben, - / gemäß meinem Evangelium und der Botschaft von Jesus Christus, / gemäß der Offenbarung jenes Geheimnisses, / das seit ewigen Zeiten unausgesprochen war, [26] jetzt aber nach dem Willen des ewigen Gottes offenbart / und durch prophetische Schriften kundgemacht wurde, / um alle Heiden zum Gehorsam des Glaubens zu führen -, [27] ihm, dem einen, weisen Gott, / sei Ehre durch Jesus Christus in alle Ewigkeit! Amen.

Teil B
Das Priestertum
Der Hebräerbrief

1 Der Zusammenfall der Gegensätze

1	Gott hat im Anfang die Erde gegründet.
2	Gott hat schon immer mit den Menschen geredet.
3	Jesus ist Schöpfer und Erbe.
4	Jesus trägt alle Dinge durch das <u>Wort</u> seiner Macht.
5	Jesus hat Erlösung bewirkt.
6	Jesus wurde erniedrigt <u>und</u> erhöht.

Nikolaus von Kues:

Denn Gott ist ja der Grund allen Seins und des Nichtseins. Er hat kein Gegenüber, gegen das man ihn abgrenzen kann. Gott ist alles, was er sein kann. Er ist die Einheit, der nichts gegenübersteht."

Gleich im ersten Kapitel stellt der Autor des Hebräerbriefes dar, wie man Gott denken muss. Als den die Existenz begründeter Schöpfer und Urheber, aber auch als «Zusammenfall der Gegensätze». Was beschreibt das Wesen Gottes treffender als die Tatsache, dass bei Gott die Gegensätze ihre Auflösung finden: Gott ist Vater und Sohn, Schöpfer und Erbe. Jesus wurde erniedrigt und erhöht. Gott ist der Grund allen Seins und allen Nicht-Seins.

Selbstverständlich muss man mit allen Aussagen über Gott vorsichtig sein, da diese Aussagen der menschlichen Denkweise entspringen und man immer Gefahr läuft, Gott in menschliche Begrifflichkeiten zu pressen[73]: Gott ist «der unbewegte Beweger», Gott ist. Um Gott als Person, als Wesen zu begreifen, lohnt sich ebenfalls ein Blick in den Schöpfungsbericht: Wenn Gott den Menschen erschafft, wechselt der biblische Erzähler in die Wir-Form.

---

[73] Der antike Philosoph Xenophanes (5. Jhd. v. Chr.) stellte zwar nicht die Existenz Gottes oder die Existenz von Göttern in Frage, gleichwohl aber die menschliche Vorstellung von Gott und schrieb: «Wenn die Pferde Götter hätten, sähen sie wie Pferde aus.» Er stellte damit klar, dass der Mensch niemals etwas Gesichertes über die Götter wissen könne. Im Johannesevangelium (Johannes 14) macht sich auch Philippus so seine Gedanken über Gott und spricht zu Jesus: «Herr, zeige uns den Vater, und es genügt uns. 9 Jesus spricht zu ihm: So lange Zeit bin ich bei euch, und du hast mich nicht erkannt, Philippus? Wer mich gesehen hat, hat den Vater gesehen. Und wie sagst du: Zeige uns den Vater? 10 Glaubst du nicht, dass ich in dem Vater bin und der Vater in mir ist?» Damit gibt Jesus seinen Jüngern und allen nachfolgenden Gläubigen ein Indiz dafür, wer und wie Gott ist (Johannes 14): «Wenn ihr mich erkannt habt, werdet ihr auch meinen Vater erkennen [3]; und von jetzt an erkennt ihr ihn und habt ihn gesehen.»

Ein erster Beleg dafür, dass von Anbeginn an, Gott, nicht singulär ist: Gott ist Plural, Gott ist Vater und Sohn (und Hl. Geist). Gott ist Vielfalt in Person und Einheit im Wesen. «Und Gott sprach: Lasst uns Menschen machen in unserm Bild, uns ähnlich»! Was bedeuten diese Worte. Die Schöpfung des Menschen ist keine Laune Gottes, sondern eine bewusste Entscheidung (lasst uns). Viel mehr noch: So wie der Sohn im Vater, der Vater im Sohn das Werk geschaffen hat, indem er es machte (1 Mose 2), so ist der Sohn Ausdruck der Herrlichkeit Gottes und der Mensch sein Abbild, ihm ähnlich.

1 Mose 1:
[26] Lasst uns Menschen machen in unserm Bild!

1.1 Versuche, Gott zu beweisen

Die Menschen können es nicht lassen. Theologen haben es getan, Philosophen auch, Mathematiker ebenso. Es scheint ein Grundbedürfnis der menschlichen Natur zu sein, die Möglichkeit des Absoluten zu erforschen, zu beweisen und zu beschreiben (oder zu widerlegen).

<u>Thomas von Aquin</u> hat dazu fünf Gottesbeweise formuliert, zwei davon werden weiter unten vorgestellt.

Thomas von Aquin: *1225 - 1274[+]

<u>Immanuel Kant</u> versucht, sich Gott nicht theoretisch, sondern praktisch anzunähern und nutzt für seinen Gottesbeweis den moralischen Kompass, das Gewissen, das sich wie von Geisterhand meldet, wenn allein nur Gedanken aus dem Ruder laufen – eine Tat muss dabei noch nicht begangen sein.

Immanuel Kant: *1724 - 1804[+]

Die Existenz des Gewissens ist in der Tat ein interessanter Hinweis auf eine übergeordnete Instanz, der sich nicht nur auf das rein gesellschaftsrechtliche Verständnis von «richtig» und «falsch» zurückführen lässt. Oftmals sind Handlungen nicht juristisch falsch und dennoch regt sich unser Gewissen.

Dies wird ebenfalls in der Aussage «*das darfst du nicht einmal denken*» besonders deutlich: Was sollte an einem Gedanken falsch oder anstössig sein? Ein Gedanke, der vielleicht nie in die Tat umgesetzt wird, ja vielleicht sogar nie ausgesprochen wird? Und dennoch meldet sich auch bei einem rein theoretischen Gedankenspiel oftmals unser Gewissen. Warum?

Wem sind wir denn verpflichtet? Doch nicht einem Gegenüber, dem der Gedanke gilt, und der vielleicht gar nicht von dessen Existenz weiß?

Auch der vielzitierte Satz: «*Die Würde des Menschen ist unantastbar*» gibt einen Hinweis auf eine übergeordnete Instanz. Dieser Satz steht so wortwörtlich im Grundgesetz der Bundesrepublik Deutschland, darüber hinaus findet sich der Begriff gleich im ersten Artikel der *Allgemeinen Erklärung der Menschenrechte*. Dieser Satz bedeutet, Menschenwürde muss man sich nicht verdienen oder erarbeiten. Jeder besitzt sie von Geburt an. Ein schöner Gedanke, bei dem sich der Autor dieses Buches schwertut, ihn rein aus der Evolutionslehre und der direkten und zufälligen Abstammung des Menschen vom Affen herzuleiten. Eventuell ist dieser einfache und doch so bedeutungsvolle Satz, auf dem die Rechtsprechung beruht, ein indirekter Gottesbeweis. Jeder der ihn bewusst benutzt und zitiert, weiß unbewusst, um die Abstammung des Menschen Bescheid: Gott schuf den Menschen, nach seinem Abbild schuf er ihn. Dann ist es unstrittig: Die Würde des Menschen ist unantastbar.

Blaise Pascal:
*1623 - 1662[+]

Cicero (v. Chr.):
*106 - 43[+]

Der Mathematiker Blaise Pasquale schliesst glatt eine Wette auf Gott ab und meint, da gibt es nichts zu verlieren und Cicero schrieb damals schon: «Es gibt kein Volk, das so wild, und niemanden unter allen, der so roh wäre, dass er in seinem Geist nicht einen Gedanken an die Götter trüge – viele meinen über die Götter Verkehrtes (das aber pflegt aus einem schlechten Lebenswandel zu rühren) – dennoch glauben alle, dass es eine göttliche Kraft und Natur gibt; das bewirkt aber nicht eine Verabredung oder ein Konsens unter den Menschen, und auch wird die Annahme nicht durch Einrichtung oder Gesetze in Geltung gesetzt; die Übereinstimmung aller Völker in der ganzen Sache [darum] für ein Naturgesetz genommen werden.»[74]

---

[74] Cicero, Markus Tullius: Gespräche in Tusculum. I, 30., in: Gigon, Olof: Gespräche in Tusculum. München, 1992.

1	Thomas von Aquin: In der Welt ist überall Bewegung. Alles Bewegte wird von einem anderen bewegt, d. h. nichts kann sich selbst die erste Bewegung geben. Die bewegte Welt setzt einen von ihr verschiedenen Beweger voraus.
2	Thomas von Aquin: In der Welt gibt es überall Ursachen und Wirkungen, die miteinander in Verbindung stehen. Jede Wirkung setzt eine hinreichende Ursache voraus. Wegen der Unmöglichkeit des «regressus in infinitum» bleibt nur der Schluss, dass die Welt eine zeitlich erste Wirkursache hat, welche unverursacht ist.

1.2 Die Kraft des Wortes

Dabei ist es viel einfacher: Gott redet mit den Menschen: Deshalb hat auch das gesprochene Wort einen zentralen Stellenwert in der Bibel. Theologen und Gläubige bezeichnen die Texte der Bibel als das «inspirierte Wort Gottes».

Durch das Wort wurde alles erschaffen: Indem Gott sprach, erschuf er die Welt. Und wer spricht, der teilt sich mit, wer spricht, geht eine Beziehung ein, wer spricht, der will auch gehört werden. Gott hat schon immer mit den Menschen geredet, persönlich und direkt bei Adam und Eva, bei Abraham, bei Moses und bei noch so vielen mehr.

Johannes 1:

[...] und das Wort war Gott. [2] Dieses war im Anfang bei Gott. [3] Alles wurde durch dasselbe, und ohne dasselbe wurde auch nicht eines, das geworden ist.

So kommt auch der Begriff «Wort» in der Bibel über 700-mal vor. Und es ist ein erhabener Begriff: würdevoll, verlässlich, gültig und Vertrauen erweckend:

Das Wort Gottes geschieht; das Wort erschafft die Welt[75], Auf Gottes Wort ist Verlass, denn «wenn der Prophet im Namen des HERRN redet, und das Wort geschieht nicht und trifft nicht ein, so ist das das Wort, das nicht der HERR geredet hat. In Vermessenheit hat der Prophet es geredet; du brauchst

2 Sam 7,4: Und es geschah in jener Nacht, da geschah das Wort des HERRN zu Nathan.

---

[75] Ps 33,6: Durch des HERRN Wort ist der Himmel gemacht und all sein Heer durch den Hauch seines Mundes.

dich nicht vor ihm zu fürchten.» [76] Das Wort ist Leben[77]. Gottes Wort heilt[78] und steht in «Ewigkeit, (...) fest im Himmel[79]. Gottes Wort erfüllt sich[80] in der Geschichte und verhilft dem, der daran glaubt und daran festhält zu ewigem Leben[81]. Das Wort Gottes soll unverfälscht bewahrt werden und Worte sollen bedacht sein[82]: «Das ganze Wort, das ich euch gebiete, das sollt ihr bewahren, um es zu tun. Du sollst zu ihm nichts hinzufügen und nichts von ihm wegnehmen.»[83]

1 Mose 3, 8-9:

Und sie hörten die Stimme Gottes, des HERRN, der im Garten wandelte (...). Da versteckten sich der Mensch und seine Frau vor dem Angesicht Gottes (...) ⁹ Und Gott, der HERR, rief den Menschen und sprach zu ihm: Wo bist du?

In der Sprache des Menschen sucht Gott die Menschen, auch wenn diese sich aus schlechtem Gewissen vor ihm verstecken. Gott schickt seine Propheten, die sein Wort verkünden und Gott hat durch Jesus, den Sohn, mit den Menschen gesprochen, besser ausgedrückt: Gott spricht in der Person des Sohnes mit den Menschen (auf Augenhöhe). Und wem Gott sein Wort gibt, dem ist er treu: «Denn richtig ist das Wort des HERRN, und all sein Werk geschieht in Treue.»[84] Das «Wort» ist Gottes Brücke zu den Menschen[85]. Sprache ist göttlich[86]. Und Sprache unterscheidet uns von den Tieren.

---

[76] 5 Mose 18,22

[77] 5 Mose 32,47

[78] Psalm 107,20: Er sandte sein Wort und heilte sie, er rettete sie aus ihren Gruben.

[79] Psalm 119,89

[80] Johannes 12,38 damit das Wort des Propheten Jesaja erfüllt würde, das er sprach.

[81] Johannes 8,51

[82] Matthäus 12,36: Ich sage euch aber, dass die Menschen von jedem unnützen Wort, das sie reden werden, Rechenschaft geben müssen am Tag des Gerichts;

[83] 5 Mose 13,1

[84] Psalm 33,4

[85] Matthäus 28: ¹⁹ Geht nun hin und macht alle Nationen zu Jüngern (...) ²⁰ und lehrt sie alles zu bewahren, was ich euch geboten habe!

[86] Die vollständige Bibel kann jetzt in 694 Sprachen gelesen werden. Dies teilt der Weltverband der Bibelgesellschaften (United Bible Societies; UBS) im "Global Scripture Access Report" mit. Etwa 5,7 Milliarden Menschen haben damit laut UBS Zugang zum Alten und Neuen Testament in ihrer Muttersprache. Das Neue Testament ist jetzt in weiteren 1 542 Sprachen übersetzt, zumindest einzelne biblische Schriften in 1.159 Sprachen. Damit gibt es in 3.395 Sprachen mindestens ein Buch der Bibel. Das sind 33 Sprachen mehr als im Vorjahr (2019). Die Bibelgesellschaften gehen von weltweit rund 7 350 Sprachen aus, zu denen auch 245 Zeichensprachen für Gehörlose gezählt werden. Damit gibt es rund 4.000 Sprachen, in denen kein Buch der Bibel übersetzt ist. Quelle: Deutsche Bibel Gesellschaft

Doch man muss auch hinhören. Gott spricht nicht laut und im Befehlston. Er will mit seinen Worten den Verstand und das Herz des Menschen berühren, ihn anleiten, nicht zwingen. Und das funktioniert nicht mit Gebrüll oder Geschrei: Damit schüchtert man sein Gegenüber nur ein. Doch Gott will sein Gegenüber, den Menschen, nicht einschüchtern. Gottes Wort teilt sich leise mit. Es entfaltet seine Kraft nicht durch pure Lautstärke, sondern auf Grund der Tatsache, dass das Wort Wahrheit spricht, die überprüfbar ist.

1.3 Die Bibel ruft zum konstruktiv-kritischen Prüfen auf

Die Bibel ruft den Leser in geistlichen Bereichen zum konstruktiven Prüfen auf: «Prüft aber alles, und das Gute behaltet!» Das gilt speziell im Hinblick auf Aussagen, die unter Berufung auf Gott selbst geäußert werden[87].«Wenn der Prophet im Namen des HERRN redet, und das Wort geschieht nicht und trifft nicht ein, so ist das das Wort, das <u>nicht</u> der HERR geredet hat. In Vermessenheit hat der Prophet es geredet.»[88]

So stellt auch der Autor des Hebräerbriefes im ersten Kapitel den Sohn – Jesus – in die zentrale Rolle. Jesus wird deutlich von den Engeln unterschieden. Die Engel sollen den Sohn anbeten: Denn «glücklich alle, die sich beim ihm bergen.»[89]

1 Könige 19,11:

Und siehe, der HERR ging vorüber. Da kam ein Wind, groß und stark, der die Berge zerriss und die Felsen zerschmetterte (...) der HERR aber war nicht in dem Wind. Und nach dem Wind ein Erdbeben; der HERR aber war nicht in dem Erdbeben.[12] Und nach dem Erdbeben ein Feuer, der HERR aber war nicht in dem Feuer. Und nach dem Feuer der Ton eines leisen Wehens.[13] Und es geschah, als Elia das hörte, verhüllte er sein Gesicht mit seinem Mantel, ging hinaus und stellte sich in den Eingang der Höhle. Und siehe, eine Stimme geschah zu ihm: Was tust du hier, Elia?

---

[87] 1. Thess. 5,21
[88] 5Mo 18,22
[89] Psalm 2

Gottes Offenbarung im Sohn - Jesu Erhabenheit über die Engel

[1] Nachdem Gott vielfältig und auf vielerlei Weise ehemals zu den Vätern geredet hat in den Propheten, [2] hat er am Ende dieser Tage zu uns geredet im Sohn, den er zum Erben aller Dinge eingesetzt hat, durch den er auch die Welten gemacht hat; [3] er, der Ausstrahlung seiner Herrlichkeit und Abdruck seines Wesens ist und alle Dinge durch das Wort seiner Macht trägt, hat sich, nachdem er die Reinigung von den Sünden bewirkt hat, zur Rechten der Majestät in der Höhe gesetzt; [4] und er ist um so viel erhabener geworden als die Engel, wie er einen vorzüglicheren Namen vor ihnen ererbt hat.

[5] Denn zu welchem der Engel hat er jemals gesagt: "Mein Sohn bist du, ich habe dich heute gezeugt"?, und wiederum: "Ich werde ihm Vater und er wird mir Sohn sein"?

[6] Wenn er aber den Erstgeborenen wieder in den Erdkreis einführt, spricht er: "Und alle Engel Gottes sollen ihn anbeten!"

[7] Und von den Engeln zwar spricht er: "Der seine Engel zu Winden macht und seine Diener zu einer Feuerflamme", [8] von dem Sohn aber: "Dein Thron, Gott, ist von Ewigkeit zu Ewigkeit, und das Zepter der Aufrichtigkeit ist Zepter deines Reiches; [9] du hast Gerechtigkeit geliebt und Gesetzlosigkeit gehasst; darum hat dich, Gott, dein Gott gesalbt mit Freudenöl vor deinen Gefährten." [10] Und: "Du, Herr, hast im Anfang die Erde gegründet, und die Himmel sind Werke deiner Hände; [11] sie werden untergehen, du aber bleibst; und sie alle werden veralten wie ein Gewand, [12] und wie einen Mantel wirst du sie zusammenrollen, wie ein Gewand, und sie werden verwandelt werden.

Du aber bist derselbe, und deine Jahre werden nicht aufhören." [13] Zu welchem der Engel aber hat er jemals gesagt: "Setze dich zu meiner Rechten, bis ich deine Feinde hinlege als Schemel deiner Füße"? [14] Sind sie nicht alle dienstbare Geister, ausgesandt zum Dienst um derer willen, die das Heil erben sollen?

2 Keine «faulen» Kompromisse

1	Jeder kann sich über die Inhalte der göttlichen Lehre des «Neuen Bundes» informieren.
2	Diese Lehre wurde von Gott selbst (Jesus) verkündet und nicht in prophetischer Sprache (verschlüsselt) vermittelt.
3	Die Gültigkeit dieser Lehre wurde durch die Taten und Wunder Jesu bezeugt, die Lehre selbst durch Jesu Opfertod dauerhaft in Kraft gesetzt.
4	Der Lehrer ist zugleich auch Anwalt und Richter

Gott ist Einheit in Vielheit. Gott ist Vater, Sohn und Geist. Diese Prämisse muss für das Verständnis der Bibel und ihrer Lehren als gültig gesetzt werden. Gott sucht die Nähe zu den Menschen, er ist nicht abstrakt, nicht unnahbar.

(1) Der Vater gleicht dem Sohn, (2) der Sohn wurde im Tod dem Menschen gleich, (3) der Sohn gleicht dem Vater. 1+2+3: Wie könnte trefflicher die Verbundenheit Gottes mit den Menschen beschrieben werden? Gott nimmt sich der Nachkommenschaft Abrahams an.

Der «Alte Bund», den Gott mit Abraham und seinen Nachkommen geschlossen hat, ist durch den «Neuen Bund» Gottes mit den Menschen nicht außer Kraft gesetzt, nicht überholt oder ungültig, sondern er wurde erweitert.

Johannes 14:

[16] Und ich werde den Vater bitten, und er wird euch einen anderen Beistand geben, dass er bei euch sei in Ewigkeit.

2.1 Gemeinschaft geschieht auf beiden Seiten

Schon immer sucht Gott die Nähe zu den Menschen, fühlt sich ihnen verbunden. Symbol dafür im «Alten Testament» ist das «Heilige Zelt», das transportable Heiligtum der Israeliten. Im «Neuen Testament» ist Gott selbst den Menschen in der Person Jesu zum Angreifen nahe. Doch stets entscheiden sich die Menschen immer wieder gegen Gott: Die Israeliten tanzten um ein «Goldenes Kalb», die Hohenpriester lieferten Jesus dem Tod aus. Doch auch nach seiner Auferstehung und Himmelfahrt hat Gott dafür gesorgt, dass die Menschen nicht allein sind, denn Jesus verspricht kurz bevor er seine Jünger verlässt, dass er „den Vater bitten (wird), und er wird euch einen anderen Beistand [andere Übersetzung: „Tröster"] geben, dass er bei euch bleibt in Ewigkeit". «[26] Der Beistand aber, der Heilige Geist, den der Vater senden wird in meinem Namen, der wird euch alles lehren und euch an alles erinnern, was ich euch gesagt habe. [27] Frieden lasse ich euch, meinen Frieden gebe ich euch; nicht wie die Welt gibt, gebe ich euch. Euer Herz werde nicht bestürzt, sei auch nicht furchtsam. [28] Ihr habt gehört, dass ich euch gesagt habe: Ich gehe hin, und ich komme zu euch.»[90]

Ein schönes Versprechen. Damit dieses Versprechen eingelöst werden kann, muss der Mensch aber auch die Gemeinschaft mit Gott suchen und annehmen: Gemeinschaft kann nicht einseitig funktionieren. Gemeinschaft muss gemeinsam gelebt werden. Und für jedes Zusammenleben gibt es Regeln: «[23]Wenn jemand mich liebt, so wird er mein Wort halten, und mein Vater wird ihn lieben, und wir werden zu ihm kommen und Wohnung bei ihm machen.»[91] Es ist eigentlich ganz einfach. Wie in jeder guten und harmonischen Freundschaft, Liebesbeziehung oder Ehe: Man muss einander Vertrauen, einander zuhören, das Wort des Partners hören und einander beim Wort nehmen: Sobald Eheverträge, Nebenabreden, Gütertrennung hinzukommen, kann es kompliziert werden.

Und so ist es auch in der Beziehung zu Gott: In der Bibel zeigt Gott seine Einstellung zu den Menschen, seinen Heilsplan für die Menschen. In der Bibel erklärt Gott sein Wort: Durch die Propheten, durch Jesus, durch die Apostel. Es ist alles gesagt, es ist logisch und hat keine erzählerischen oder inhaltlichen Brüche. Traditionen, Lehrmeinungen und Katechismen laufen Gefahr, das ursprüngliche Wort zu verfälschen:

Das Wort, das am Anfang stand, das Wort, das bei Gott war, das Wort, das Gott selbst war. Das Wort, das alles geschaffen hat und ohne dem nichts entstanden ist.[92]

---

[90] Johannes 14
[91] Johannes 14
[92] Johannes 1, 1-3

2.2 Zukunft beginnt jetzt

Gott will die Menschen von der Todesfurcht befreien, dazu gibt es einen Plan, eine Verheissung, eine Handlungsanweisung, ein Rezept für ein erfülltes Leben, denn Erlösung geschieht nicht irgendwann in der Zukunft, Erlösung beginnt im «Hier und Jetzt».

Deshalb war es schon immer der Auftrag Gottes an die Menschen, sich auf der Erde zu verteilen, von Gott zu sprechen, und seinen Bund mit den Menschen den Menschen durch Zeugnis (Worte und Taten) zu verkünden.

Dazu hat Gott zuerst ein Volk auserwählt, diesen Auftrag aber dann auf alle Menschen ausgeweitet.

Gott will alle Menschen von der Todesfurcht befreien. Todesfurcht bedeutet Knechtschaft: Angst macht unfrei oder wie ein Filmtitel besagt, «Angst essen Seele auf».[93] Wer Angst hat, dessen Herz ist zugeschnürt und kann sich nicht entfalten. Deshalb nimmt Gott sich der Menschen an und will sie zu neuem Leben erlösen: Und das bewerkstelligt(e) Gott auf «Augenhöhe» mit den Menschen: Um den Menschen gleich, das heißt nah zu sein, hat Gott (Jesus = Gott) sich für eine Zeit unter die Engel erniedrigt. In dieser Zeit hat Jesus im eigenen Tod den Tod überwunden und den zunichte gemacht, der Macht über den Tod hat.

2.3 Gott siegt für die Menschen

Damit hat Jesus den Menschen gezeigt, dass Gott alles unterworfen ist und Gott auf Seiten der Menschen steht. Die Lehre Jesu von der Liebe Gottes zu den Menschen hat Gott in der Person des Sohnes unmittelbar verkündet und bezeugt. Dafür gibt es Augenzeugen, die dies niedergeschrieben haben, dafür gibt es aber auch mit Lukas Autoren der Bibel, die diese Geschehnisse akribisch recherchiert und aufgeschrieben ha-

1 Korinther 15:

[55] "Wo ist, Tod, dein Sieg? Wo ist, Tod, dein Stachel?" [56] Der Stachel des Todes aber ist die Sünde.

Matthäus 28:

[18] Und Jesus (...) sprach: Mir ist alle Macht gegeben im Himmel und auf Erden. [19] Geht nun hin und macht alle Nationen zu Jüngern, und tauft sie auf den Namen des Vaters und des Sohnes und des Heiligen Geistes, [20] und lehrt sie alles zu bewahren, was ich euch geboten habe! Und siehe, ich bin bei euch alle Tage bis zur Vollendung des Zeitalters.

---

[93] Angst essen Seele auf ist ein deutsches Melodram des Regisseurs Rainer Werner Fassbinder aus dem Jahr 1974.

ben, um diese Lehre unverfälscht weiterzugeben. Die Grundpfeiler des «Alten Bundes» bestehen jedoch auch im «Neuen Bund» unverändert fort.

2.4 Das Unveränderliche besteht, Symbolik vergeht

Die «Zehn Gebote» wurden in der Bergpredigt bestätigt. Kultische Gesetze und Handlungen, die auf den Opfertod Jesu verweisen und darauf hindeuten, wurden jedoch durch die Erlösungstat Jesu aufgehoben – aufgehoben, im Sinne von «erfüllt». Dass die Kulthandlungen des «Alten Bundes» im Neuen Bund überholt sind, zeigt sich auch im Geschehen am Karfreitag:

2 Mose 26:

[33] So soll der Vorhang für euch das Heilige und das Allerheiligste voneinander scheiden.

Der Vorhang im Tempel, der das «Heilige» vom «Allerheiligsten» trennte und den nur der jeweilige «Hohepriester» durchschreiten durfte, riss von oben nach unten entzwei.

2.5 Gott braucht keinen Protokollchef

Was bedeutet das? Im Alten Testament war der «Hohepriester» der Mittler zwischen Mensch und Gott [94]. Nur er durfte das «Allerheiligste» – den «Wohnsitz Gotts bei den Menschen», symbolisiert durch die Bundeslade und den Gnadenthron – betreten, um vor Gott als Mittler für die Menschen einzustehen.

Matthäus 27:

[51] Und siehe, der Vorhang des Tempels zerriss in zwei Stücke, von oben bis unten; und die Erde erbebte, und die Felsen zerrissen.

Nun ist der Vorhang zerrissen. Das Reißen des Vorhangs im Tempel darf nicht als Symbol des Zornes Gottes über den Mord an seinen Sohn missverstanden werden, auch nicht als Symbol der Trauer und Verzweiflung, wie es im «Alten Testament» beschrieben ist und wohl Brauchtum war: So zerriss beispielsweise Hiob seine Kleidung, als er erfuhr, dass seine Kinder tot sind [95]. Josefs Vater Jakob reagiert ebenfalls in dieser Weise, als er die vermeintliche Todesnachricht seines Sohnes bekommt [96].

---

[94] Im 1. Buch Mose ist Levi der dritte Sohn Leas und Jakobs (Gen 29,34 LUT). Seine Nachkommen wurden (Dtn 18,1–8 LUT) allein zum Tempeldienst für alle Israeliten erwählt.
[95] Hiob 1,18-20
[96] Gen 37,18-35

Die Bibel bezeugt, dass Gott nichts daran liegt, dass Menschen ihre Kleider zerreissen, er sieht darin nur inhaltleere Theatralik. Das Zerreissen des Tempelvorhangs ist vielmehr als Zeichen der beginnenden Vollendung der Erlösung zu deuten: <u>Durch und in Jesus ist der unmittelbare Zugang zu Gott für alle Menschen offen. Da ist kein Vorhang mehr, keine Grenze, die nur ausgewählte Personen mit Passierschein passieren dürfen</u>: Es bedarf keines Mittlers mehr, keines menschlichen Hohepriesters. Gott, der mit den Menschen in Verbindung treten will, wird nicht mehr abgeschirmt, hat keine begrenzten Sprechstunden, braucht keinen Kastellan oder Protokollchef: Jeder kann zu jeder Zeit mit jedem Anliegen zu Gott kommen – zum Vater, zum Sohn, zum Hl. Geist.

Joel 2,13:
Zerreißt eure Herzen und nicht eure Kleider - und kehrt um.

2.6   Von Gott in Kraft gesetzt

Die Lehren des «Neuen Bundes» und die Gesetze des «Alten Bundes» wurden in der Person des Sohnes vom Vater – von Gott selbst – verkündet, in Kraft gesetzt und besiegelt. Das heißt nichts anderes, als dass Gott selbst die Gesetze eingesetzt und den Menschen erklärt hat. Am besten ist dies von Matthäus niedergeschrieben. Das Matthäus-Evangelium ist das Lehrbuch der Jüngerschaft, das Handbuch, das genau erklärt, was es bedeutet, erlöst zu sein und was es bedarf, Erlösung nicht zu verwirken. Die Gesetze und Erklärungen sind leicht verständlich in den fünf grossen Reden Jesu aufgeschrieben.

1 Mose 15:
[1]Nach diesen Dingen geschah das Wort des HERRN zu Abram in einem Gesicht so: Fürchte dich nicht, Abram; ich bin dir ein Schild, ich werde deinen Lohn sehr groß machen.

2.7   (A und B) ist wahr, nur genau dann, wenn (A) wahr ist UND (B) wahr ist

Die Lehre des «Neuen Bundes» soll unverfälscht weitergegeben werden. Sie soll nicht mit Traditionen vermengt werden. Deshalb verzichtet sie auch auf Mittlerdienste, wurde von Gott selbst erklärt und nicht prophetisch verkündet. Der Weg zu Gott ist direkt gegeben, es braucht keinen Umweg, keine kultischen Handlungen, keine Vermittlerdienste, keine Kompromisse. Klar und direkt ist der Weg beschrieben und von Jesus selbst beschritten worden: Traditionen, falsche Interpretationen, fasche Lehre und «faule Kompromisse» verfälschen die Wahrheit. Verfälschte Wahrheit ist Lüge: Denn Wahrheit

Matthäus 28:
[20]...lehrt sie alles zu bewahren, was ich euch geboten habe!

hat einen Absolutheitsanspruch. Absolute Wahrheit ist nicht relativ und duldet keine Abweichung: (A und B) ist nur und genau dann wahr, wenn (A) wahr ist UND (B) wahr ist. Sobald A oder B falsch ist, oder A oder B durch C ersetzt wird, ist (A und B) nicht mehr wahr. Oder {[(A und B) = C] und C = wahr}, gilt nur genau dann, wenn {[(A und B) gesetzt ist] UND [(A) wahr ist UND (B) wahr ist]}.

Es gibt nur wahr oder falsch. Sobald ein Satz anfängt mit: *das ist schon wahr, aber*, kann die darin vorgetragene Tatsache nicht absolut wahr sein. Da Wahrheit aber einen Absolutheitsanspruch besitzt, muss die Tatsache folgerichtig falsch sein.

Nur Gott beansprucht für sich, Lehrer (Rabbi), Vater oder Meister zu sein. Dies machte Gott selbst in der fünften grossen Rede Jesu deutlich[97]: «[16] Alle Schrift ist von Gott eingegeben und nützlich zur Lehre, zur Überführung, zur Zurechtweisung, zur Unterweisung in der Gerechtigkeit, [17] damit der Mensch Gottes richtig sei, für jedes gute Werk ausgerüstet».[98] Was bedeutet «nützlich zur Lehre ... zur Zurechtweisung»? Das bedeutet, dass das gleiche Wort, das Leben schafft, auch Erkenntnis bringt (nützlich zur Lehre) und Veränderung verursacht.

Zurechtweisung wird fälschlich oft mit Tadel, Rüge, Abkanzeln oder Züchtigung gleichgesetzt. Das ist in diesem Kontext ein grosses Missverständnis. Zurechtweisung bedeutet, falsche Lehren und falsches Handeln im Licht der Erkenntnis zurechtrücken. Da die zentralen Punkte des Bundes Gottes mit den Menschen auf Gnade, Güte, Vergebung, Liebe UND Kommunikation auf Augenhöhe – in Jesus wurde Gott den Menschen gleich – beruht, ist die positive Konnotation des Begriffes im Sinne von «wieder auf die rechte Bahn bringen» vorzuziehen.

Hebräer 2:

[1] Deswegen müssen wir umso mehr auf das achten, was wir gehört haben, damit wir nicht etwa am Ziel vorbeigleiten.

Matthäus 23:

[8] (...) lasst ihr euch nicht Rabbi nennen! Denn einer ist euer Lehrer, ihr alle aber seid Brüder. [9] Ihr sollt auch nicht jemanden auf der Erde euren Vater nennen; denn einer ist euer Vater, nämlich der im Himmel. [10] Lasst euch auch nicht Meister nennen; denn einer ist euer Meister, der Christus.

---

[97] Matthäus 23-25
[98] 2 Timotheus 3

2.8 Wahrheit und Wahrheitskriterium

Wie sollen die Menschen dann nach so langer Zeit die Wahrheit von der Unwahrheit, von Verfälschung und Lüge unterscheiden? Jesus kann man nicht mehr persönlich fragen. Die Augenzeugen sind längst tot. Und dennoch sind die Lehren des «Alten Testaments» und des «Neuen Testaments» überliefert und in viele Sprachen übersetzt. Die normgebenden Bücher der Bibel sind im Kanon[99] zusammengefasst. Der Kanon gilt den Gläubigen allgemein als Richtschnur für den Glauben.

Der Maßstab, der wahre Urteile von falschen unterscheiden lässt, ist das Wahrheitskriterium. Die Frage, ob ein Urteil wahr oder falsch ist, entscheidet sich daran, ob es in einem Sachverhalt begründet ist, oder nicht. Da ein Urteil nur wahr ist, wenn es mit dem Sachverhalt, auf den es sich bezieht, übereinstimmt und da Gewissheit darüber nur möglich ist, wenn sich der Sachverhalt selbst dem Urteilenden kundtut, ist das allgemeine Wahrheitskriterium die Evidenz. Die Wahrheiten, die sonst angegeben werden, scheitern alle daran, dass sie entweder nicht allgemein sind oder als subjektive Bestimmung keine Gewähr der Wahrheit bieten.[100]

Will sich nun ein/e Christ/in über eine Aussage ein Urteil bilden, diese Aussage auf ihren Wahrheitsgehalt überprüfen, so hat jeder das dazu notwendige Instrumentarium zur Hand. Vorausgeschickt sollte werden, dass dem Wahrheitsanspruch nur ein 100%iger Wahrheitsgehalt genügen sollte.
Aussagen lassen sich somit mit dem Wahrheitskriterium der

---

[99] Das Wort Kanon bezeichnet eine Richtschnur, Regel, Norm. In diesem Sinne meint der Begriff "Kanon der heiligen Schrift" den Umfang der heiligen Schrift. Der biblische Kanon bezeichnet also die Sammlung der heiligen Bücher, die für die gläubige Gemeinschaft normgebend ist.
[100] Vgl. Walter Brugger, Philosophisches Wörterbuch, Herder 1976

Matthäus 5:

[18] Denn wahrlich, ich sage euch: Bis der Himmel und die Erde vergehen, soll auch nicht ein Jota oder ein Strichlein von dem Gesetz vergehen, bis alles geschehen ist.

Römer 12:

[2] Und seid nicht gleichförmig dieser Welt, sondern werdet verwandelt durch die Erneuerung des Sinnes, dass ihr prüfen mögt, was der Wille Gottes ist: das Gute und Wohlgefällige und Vollkommene.

Schrift überprüfen: Immer wieder wurde die ursprüngliche Lehre verfälscht, durch falsch Propheten, falsche Lehrer, durch einen falschen Wahrheitsanspruch. Viele Aussagen und Glaubensgrundsätze gelten heute als christlich, die mit Jesus und seiner Lehre nicht das geringste gemein haben.

Solche «Glaubensgrundsätze» gilt es kritisch zu überprüfen. Dies ist ein Auftrag Gottes und das Werkzeug dazu hat er uns gegeben.

2.9 Lehrer UND Richter

«Das ganze Wort, das ich euch gebiete, das sollt ihr bewahren, um es zu tun. Du sollst zu ihm nichts hinzufügen und nichts von ihm wegnehmen.»[101] Die zehn Gebote und die Lehre Jesu sind eindeutig definiert und niedergeschrieben[102], in der Bergpredigt klar ausgelegt[103], in den Gleichnissen erklärt[104] und in der Endzeitrede in ihrer Bedeutung klar eingeordnet: «Wahrlich, ich sage euch, was ihr einem dieser Geringsten nicht getan habt, habt ihr auch mir nicht getan. Und diese werden hingehen zur ewigen Strafe, die Gerechten aber in das ewige Leben.»[105] Da sich Gottes Nähe zum Menschen über dessen Glauben und Taten definiert, hat es der Mensch selbst in der Hand, wieviel Nähe er zulässt. Es sollte jedoch klar sein, dass Gott keine Kompromisse gutheisst. Es gibt in seiner Lehre in seinem Bund kein grau, es gibt nur schwarz oder weiß.

Es gibt kein «jein», es gibt nur «ja» oder «nein». Es gibt keine Abstufung der Wahrheit, nur ein «wahr» oder «falsch». Es gibt kein «vielleicht morgen», es zählt allen das «jetzt» und «heute», da die Erlösung bereits begonnen hat: Gott hat seinen Teil des Versprechens eingelöst, jetzt muss der Mensch seinen Beitrag leisten. Gott hat die Hand ausgestreckt und die Voraussetzung für Erlösung in einem neuen Leben ein für alle

---

[101] 5 Mose 13,1
[102] 5 Mose 5
[103] Matthäus 5
[104] Matthäus 25
[105] Matthäus 25,45

Mal geschaffen. Damit der Mensch Teilhabe hat an der Erlösung, muss er diese annehmen, wertschätzen und danach handeln[106].

2.10 Teilhabe an Christus

Durch das Leiden Jesu wurde der Mensch im Sohn vollkommen. Da der Sohn (von) Gott ist, ist der Mensch ein Abbild von Vater und Sohn. Durch den Sohn hat der Vater viele errettet und es werden weiterhin viele errettet werden. In Jesus ist der Erlöser und der Erlöste eins: Deshalb können die Menschen vom Sohn auch Brüder genannt werden und sind Brüder Gottes.

Im Sündenfall ist jeder Mensch dem Blut und Fleisch (als Symbol der Fehlbarkeit und Sterblichkeit) teilhaftig. Im «Neuen Bund» jedoch können die Menschen – wenn sie sich dafür entscheiden und zu dieser Entscheidung aktiv stehen – Teilhabe an «Blut und Fleisch» Christi erlangen und sind somit der Erlösung teilhaftig: Der Symbolcharakter von «Blut und Fleisch» hat sich grundlegend geändert: Aus Sterblichkeit wurde Unsterblichkeit.

Johannes 6,51:

Ich bin das lebendige Brot, das aus dem Himmel herabgekommen ist; wenn jemand von diesem Brot isst, wird er leben in Ewigkeit. Das Brot aber, das ich geben werde, ist mein Fleisch für das Leben der Welt.

---

[106] 1 Thessalonicher 5: [1] Was aber die Zeiten und Zeitpunkte betrifft, Brüder, so habt ihr nicht nötig, dass euch geschrieben wird. [2] Denn ihr selbst wisst genau, dass der Tag des Herrn so kommt wie ein Dieb in der Nacht. [3] Wenn sie sagen: Friede und Sicherheit!, dann kommt ein plötzliches Verderben über sie, wie die Geburtswehen über die Schwangere; und sie werden nicht entfliehen. [4] Ihr aber, Brüder, seid nicht in Finsternis, dass euch der Tag wie ein Dieb ergreife; [5] denn ihr alle seid Söhne des Lichtes und Söhne des Tages; wir gehören nicht der Nacht und nicht der Finsternis. [6] Also lasst uns nun nicht schlafen wie die Übrigen, sondern wachen und nüchtern sein! [7] Denn die da schlafen, schlafen bei Nacht, und die da betrunken sind, sind bei Nacht betrunken. [8] Wir aber, die dem Tag gehören, wollen nüchtern sein, bekleidet mit dem Brustpanzer des Glaubens und der Liebe und als Helm mit der Hoffnung des Heils. [9] Denn Gott hat uns nicht zum Zorn bestimmt, sondern zum Erlangen des Heils durch unseren Herrn Jesus Christus, [10] der für uns gestorben ist, damit wir, ob wir wachen oder schlafen, zusammen mit ihm leben. [11] Deshalb ermahnt einander und erbaut einer den anderen, wie ihr auch tut!

2.11 Endzeitrede: Gleichnis von den zehn Jungfrauen / Matthäus 25

[1] Dann wird es mit dem Reich der Himmel sein wie mit zehn Jungfrauen, die ihre Lampen nahmen und hinausgingen, dem Bräutigam entgegen. [2] Fünf aber von ihnen waren töricht und fünf klug. [3] Denn die Törichten nahmen ihre Lampen und nahmen kein Öl mit sich; [4] die Klugen aber nahmen Öl in ihren (irdenen) Gefäßen samt ihren Lampen.

[5] Als aber der Bräutigam auf sich warten ließ, wurden sie alle schläfrig und schliefen ein. [6] Um Mitternacht aber entstand ein Geschrei: Siehe, der Bräutigam! Geht hinaus, ihm entgegen! [7] Da standen alle jene Jungfrauen auf und schmückten ihre Lampen.

[8] Die Törichten aber sprachen zu den Klugen: Gebt uns von eurem Öl! Denn unsere Lampen erlöschen.

[9] Die Klugen aber antworteten und sagten: Nein, damit es nicht etwa für uns und euch nicht ausreiche! Geht lieber hin zu den Verkäufern und kauft für euch selbst!

[10] Als sie aber hingingen, zu kaufen, kam der Bräutigam; und die bereit waren, gingen mit ihm hinein zur Hochzeit, und die Tür wurde verschlossen.

[11] Später aber kommen auch die übrigen Jungfrauen und sagen: Herr, Herr, öffne uns! [12] Er aber antwortete und sprach: Wahrlich, ich sage euch, ich kenne euch nicht.

[13] So wacht nun! Denn ihr wisst weder den Tag noch die Stunde.

2.12 Öl in irdenen Gefäßen: Geistige Verbindung zu Gott

Dieses Gleichnis gewinnt noch mehr an Tiefe, wenn man sich die symbolhafte Sprache der Bibel vor Augen führt: «Öl» wird in der Bibel immer als äußerst wertvoll beschrieben. Könige werden mit Öl gesalbt, das Salböl ist Symbol für Gottes Geist, den Heiligen Geist. Mit «irdenen Gefäßen» werden oft auch die Leiber der Menschen bezeichnet: Die Aussage dieses Gleichnisses könnte nun so lauten: Es gibt verschiedene Arten von Gläubigen (Jungfrauen), die auf die Wiederkunft Jesu (Bräutigam) warten. Auch die besten Gläubigen sind nicht davor gefeit, einmal zu zweifeln, mutlos zu werden (alle schlafen ein). Verloren sind diejenigen Gläubigen, die Gott nur aus Ge-

und Verboten kennen (törichte Jungfrauen). Diejenigen aber, die die richtige Einstellung, Geisteshaltung und Verbindung mit Gott haben und diese aktiv pflegen und die Beziehung ständig erneuern, haben die richtige Grundeinstellung und Voraussetzung (Öl in irdenen Gefäßen), um jeder Zeit das Feuer der Liebe zu Gott und den Menschen in sich zu entfachen (Licht das nicht mehr erlöscht).

Warnung vor Missachtung des Heils - Jesu Erniedrigung und sein Hohepriestertum

[1] Deswegen müssen wir umso mehr auf das achten, was wir gehört haben, damit wir nicht etwa am Ziel vorbeigleiten. [2] Denn wenn das durch Engel verkündete Wort fest war und jede Übertretung und jeder Ungehorsam gerechte Vergeltung empfing,

[3] wie werden wir entfliehen, wenn wir eine so große Rettung missachten? Sie ist ja, nachdem sie ihren Anfang damit genommen hatte, dass sie durch den Herrn verkündet wurde, uns gegenüber von denen bestätigt worden, die es gehört haben, [4] wobei Gott zugleich Zeugnis gab durch Zeichen und Wunder und mancherlei Machttaten und Austeilungen des Heiligen Geistes nach seinem Willen.

[5] Denn nicht Engeln hat er den zukünftigen Erdkreis unterworfen, von dem wir reden;

[6] es hat aber irgendwo jemand bezeugt und gesagt: "Was ist der Mensch, dass du seiner gedenkst, oder des Menschen Sohn, dass du auf ihn achtest?

[7] Du hast ihn ein wenig unter die Engel erniedrigt; mit Herrlichkeit und Ehre hast du ihn gekrönt;[8] du hast alles unter seine Füße gelegt." Denn indem er ihm alles unterwarf, ließ er nichts übrig, das ihm nicht unterworfen wäre; jetzt aber sehen wir ihm noch nicht alles unterworfen.

[9] Wir sehen aber Jesus, der ein wenig unter die Engel erniedrigt war, wegen des Todesleidens mit Herrlichkeit und Ehre gekrönt, damit er durch Gottes Gnade für jeden den Tod schmeckte.

[10] Denn es geziemte ihm, um dessentwillen alle Dinge und durch den alle Dinge sind, indem er viele Söhne zur Herrlichkeit führte, den Urheber ihrer Rettung durch Leiden vollkommen zu machen. [11] Denn sowohl der, welcher heiligt, als auch die, welche geheiligt werden, sind alle von einem; aus diesem Grund schämt er sich nicht, sie Brüder zu nennen, [12] indem er spricht: "Kundtun will ich deinen Namen meinen Brüdern; inmitten der Gemeinde will ich dir lobsingen." [13] Und wiederum: "Ich will mein Vertrauen auf ihn setzen." Und wiederum: "Siehe, ich und die Kinder, die Gott mir gegeben hat."[14] Weil nun die Kinder Blutes und Fleisches teilhaftig sind, hat auch er in gleicher Weise daran Anteil gehabt, um durch den Tod den zunichte zu machen, der die Macht des Todes hat, das ist den Teufel, [15] und um alle die zu befreien, die durch Todesfurcht das ganze Leben hindurch der Knechtschaft unterworfen waren. [16] Denn er nimmt sich doch wohl nicht der Engel an, sondern der Nachkommenschaft Abrahams nimmt er sich an. [17] Daher musste er in allem den Brüdern gleich werden, damit er barmherzig und ein treuer Hoherpriester vor Gott werde, um die Sünden des Volkes zu sühnen; [18] denn worin er selbst gelitten hat, als er versucht worden ist, kann er denen helfen, die versucht werden.

3 Zwei Häuser, doch ein Erbauer

1	Die Glaubensgemeinschaften, die auf Gott gerichtet sind, sind mit Häusern zu vergleichen.
2	Es gibt zwei Häuser und je einen Hausherrn/Verwalter: Moses und Jesus.
3	Jesus ist der Verwalter und der Erbauer in Personalunion.
4	Jesu Jünger sind sein Haus.
5	In der Beziehung zu Gott gilt allein das HEUTE.
6	Die Geschichte des Volkes Gottes ist eine Geschichte von Verirrungen.
7	Unglaube verhindert Erlösung.

Mit Häusern, zumindest mit herrschaftlichen Häusern ist es so: Oftmals gibt es den Hausherrn, der das Haus erbaut hat und den Verwalter des Hauses. Nun hat Gott für die Menschen hier auf Erden zwei Häuser erbaut: Das Fundament des einen Hauses ist das «Alte Testament», sein Verwalter war Moses. Das Fundament des zweiten Hauses ist das «Neue Testament», sein Verwalter ist Jesus. Während nun das Haus des «Alten Testamentes» von Gott erbaut wurde und dieser Moses als Verwalter eingesetzt hat, wurde das Haus des «Neuen Testamentes» von Gott erbaut und wird auch von Gott verwaltet – und von den Menschen, die Gott nachfolgen. Das Haus des «Neuen Testamentes» sind ALLE Jünger Jesu – über alle Zeit hinweg.

2 Korinther 5:

[1]Denn wir wissen, dass, wenn unser irdisches Zelthaus zerstört wird, wir einen Bau von Gott haben, ein nicht mit Händen gemachtes, ewiges Haus in den Himmeln.

Diesem symbolischen Haus und all seinen Bewohnern gilt ein besonderes Versprechen für die Zukunft, wenn das irdische Haus des einzelnen schon längst zerstört wurde: «Euer Herz werde nicht bestürzt. Ihr glaubt an Gott, glaubt auch an mich! Im Hause meines Vaters sind viele Wohnungen. Wenn es nicht so wäre, würde ich euch gesagt haben: Ich gehe hin, euch eine Stätte zu bereiten? Und wenn ich hingehe und euch eine Stätte bereite, so komme ich wieder und werde euch zu mir nehmen, damit auch ihr seid, wo ich bin. Und wohin ich

gehe, dahin wisst ihr den Weg[107].» Und Jesus verspricht seinen Jüngern auch seine Gemeinschaft: «Wenn jemand mich
liebt, so wird er mein Wort halten, und mein Vater wird ihn
lieben, und wir werden zu ihm kommen und Wohnung bei
ihm machen.»[108] Jesus mahnt an gleicher Stelle aber auch,
wie wichtig es ist, das Leben nach den Worten Jesu – nach der
Hausordnung des Neuen Testaments (um im Bild zu bleiben)
– auszurichten und betont, dass sein Wort aus derselben
Quelle kommt, wie die Worte des Vaters. Beides ist Gottes
Wort, denn «wer mich nicht liebt, hält meine Worte nicht;
und das Wort, das ihr hört, ist nicht mein, sondern des Vaters,
der mich gesandt hat.»[109] Treue ist für Gott wichtig, und Jesus
stellt fest, dass «wer meine Gebote hat und sie hält, der ist es,
der mich liebt; wer aber mich liebt, wird von meinem Vater
geliebt werden; und ich werde ihn lieben und mich selbst ihm
offenbaren.»[110]

Johannes 14:

[9] Wer mich gesehen hat, hat den Vater gesehen (...) [10] (...), dass ich in dem Vater bin und der Vater in mir ist.

Diese Forderung gilt für Jünger und Gläubige aller Zeit. Für
die Zeit aber, in der die Jünger Jesu ohne die direkte[111] Gesellschaft mit ihm auf Erden leben, weil Jesus auferstanden und
zur «Rechten des Vaters sitzt»[112] und dort seinen Vermittler-
dienst für die Menschen vollbringt, lässt Gott seine Geschöpfe
nicht als Waisen auf Erden zurück, sondern sendet allen Jüngern einen Beistand. «Der Beistand aber, der Heilige Geist,
den der Vater senden wird in meinem Namen, der wird euch
alles lehren und euch an alles erinnern, was ich euch gesagt
habe.»[113]

Ps. 110,1:

Von David. Ein Psalm. Spruch des HERRN für meinen Herrn: Setze dich zu meiner Rech-ten, bis ich deine Feinde gemacht habe zum Schemel deiner Füße!

---

[107] Johannes 14,1-4
[108] Johannes 14,23
[109] Johannes 14,24
[110] Johannes 21
[111] Damit ist die physische Nähe gemeint, das allzeit «Anfassen können».
[112] Markus 16,19: Der Herr wurde nun, nachdem er mit ihnen geredet hatte, in den Himmel
aufgenommen und setzte sich zur Rechten Gottes.
[113] Johannes 14, 26

3.1 Im «Hier und Jetzt» zählt allein der Augenblick

Für Gott und seine Beziehung zu den Menschen zählt das HEUTE[114]. Jesus selbst duldete diesbezüglich keinen Aufschub, denn «als er an den Ort kam, sah Jesus auf (...) und sprach zu (...): Zachäus, steig eilends herab! Denn HEUTE muss ich in deinem Haus bleiben».[115] Egal, was in der Vergangenheit vorgefallen ist, Gott sieht auf die Gesinnung der Menschen HEUTE: Für die rechte Gesinnung, den rechten Glauben zählt die Entscheidung im «Hier und Jetzt», denn: Nur wenn ich mich bewusst für Jesus entscheide, dann ist auch für mich «HEUTE ein Retter geboren, der ist Christus, der Herr».[116] Dann spricht Gott im gleichen Moment auch zu mir, «HEUTE ist diese Schrift vor deinen Ohren erfüllt»[117], denn «HEUTE ist diesem Haus Heil widerfahren, weil auch ich ein Sohn Abrahams bin».[118]

5 Mose 9:

[3]So erkenne denn HEUTE, dass der HERR, dein Gott, es ist, der vor dir her hinübergeht als ein verzehrendes Feuer.

3.2 In der Beziehung zu Gott gilt allein das Heute

Vergangene Verfehlungen werden durch Gottes Gnade aufgehoben, die Zukunft findet Erfüllung in Gottes Erlösungswerk.

Wenn der Ruf ertönt und Erkenntnis sich ankündigt, wenn die Puzzleteile des Glaubens auf einmal Sinn ergeben, wenn Glaube auf einmal Gestalt annimmt, wenn der Erlösungsplan begriffen wird und Zusammenhänge sichtbar werden, gibt es keinen Grund, eine Entscheidung aufzuschieben: Das HEUTE ist die Zeit, in der der gläubige Mensch durch seine Einstellung Gnade begründet und Erlösung rechtfertigt, denn der Auftrag und die Aufmunterung, Jesu zu folgen und Gott anzunehmen, gilt immer im HEUTE aufs Neue: Es gilt, die Beziehung zu Gott jeden Tag neu zu leben. Teilhaberschaft bedeutet, an der anfänglichen Grundlage (Altes Testament) bis zur Erfüllung im «Neuen Bund» festzuhalten.

---

[114] 241-mal kommt dieses Wort in der Bibel vor.
[115] Lukas 19,5
[116] Lukas 2,11
[117] Lukas 4, 21
[118] Lukas 19,9

Gott selbst erklärt das «Alte Testament»: In der Bergpredigt oder beim Gang nach Emmaus. Er vollzieht selbst den Brückenschlag und zeigt, wie selbst rituelle Gesetze, prophetische Weissagung im «Alten Testament» auf Jesus hinweisen und durch, in und mit Jesus erfüllt werden.

Lukas 24:

[23]Und von Mose und von allen Propheten anfangend, erklärte er ihnen in allen Schriften das, was ihn betraf.

3.3 Bei Gott zählt der Augenblick

Der Augenblick ist frei von hindernden Gedanken, von Abwägungen und Zaudern. Dazu ist im Augenblick keine Zeit. Der Augenblick ist allein beeinflusst von einer Grundeinstellung: Einer annehmenden Haltung oder einer ablehnenden Haltung gegenüber Gottes Angebot. Und das kann jede(r) selbst für sich entscheiden.

Jesu Erhabenheit über Mose - Warnung vor Unglauben und Abfall

[1] Daher, heilige Brüder, Teilhaber der himmlischen Berufung, betrachtet den Apostel und Hohenpriester unseres Bekenntnisses, Jesus, [2] der treu ist dem, der ihn dazu gemacht hat, wie auch Mose in seinem ganzen Hause! [3] Denn er ist größerer Herrlichkeit gewürdigt worden als Mose, insofern größere Ehre als das Haus der hat, der es erbaut hat. [4] Denn jedes Haus wird von jemand erbaut; der aber alles erbaut hat, ist Gott. [5] Und Mose war zwar in seinem ganzen Hause als Diener treu - zum Zeugnis von dem, was verkündigt werden sollte -, [6] Christus aber als Sohn über sein Haus. Sein Haus sind wir, wenn wir die Freimütigkeit und den Ruhm der Hoffnung bis zum Ende standhaft festhalten. [7] Deshalb, wie der Heilige Geist spricht: "Heute, wenn ihr seine Stimme hört, [8] verhärtet eure Herzen nicht, wie in der Erbitterung an dem Tage der Versuchung in der Wüste, [9] wo eure Väter mich versuchten, indem sie mich auf die Probe stellten, und sie sahen meine Werke [10] vierzig Jahre. Deshalb zürnte ich diesem Geschlecht und sprach: Allezeit gehen sie irre mit dem Herzen. Sie aber haben meine Wege nicht erkannt. [11] So schwor ich in meinem Zorn: Sie sollen nimmermehr in meine Ruhe eingehen!" [12] Seht zu, Brüder, dass nicht etwa in jemandem von euch ein böses Herz des Unglaubens sei, im Abfall vom lebendigen Gott, [13] sondern ermuntert einander jeden Tag, solange es "heute" heißt, damit niemand von euch verhärtet werde durch Betrug der Sünde! [14] Denn wir sind Teilhaber des Christus geworden, wenn wir die anfängliche Grundlage bis zum Ende standhaft festhalten. [15] Wenn gesagt wird: "Heute, wenn ihr seine Stimme hört, verhärtet eure Herzen nicht wie in der Erbitterung"; [16] welche haben denn gehört und sich aufgelehnt? Waren es denn nicht alle, die durch Mose von Ägypten ausgezogen waren? [17] Welchen aber zürnte er vierzig Jahre? Nicht denen, welche gesündigt hatten, deren Leiber in der Wüste fielen? [18] Welchen aber schwor er, dass sie nicht in seine Ruhe eingehen sollten, wenn nicht denen, die ungehorsam gewesen waren? [19] Und wir sehen, dass sie wegen des Unglaubens nicht hineingehen konnten.

4 In Gottes Ruhe eingehen

1	Gott ruhte am siebten Tag von seinen Werken.
2	Erlösung bedeutet, in «Gottes Ruhe eingehen».
3	Die Botschaft Gottes nur zu hören reicht nicht, man muss sie auch im Glauben annehmen.
4	Die Menschen des Alten Testaments haben die Botschaft gehört, aber nicht danach gehandelt.
5	Gott hat aber sein Versprechen erneuert, das für uns auch HEUTE gilt.
6	Gottes Wort ist lebendig, hat durchdringende Kraft und ist Richter der Gedanken und des Herzens.

Im vierten Kapitel des Hebräerbriefs stehen die zentralen Begriffe aus Kapitel 1 und Kapitel 3 nun gemeinsam im Mittelpunkt des Textes: Die Begriffe HEUTE und WORT. Wie auch schon in den vorangestellten Kapiteln legt der Autor des Hebräerbriefes eindringlich dar, dass Gottes Botschaft und Versprechen all denen gilt, die HEUTE seine Stimme hören.

2 Mose 32:

[1] Als nun das Volk sah, dass Mose säumte (...) versammelte sich das Volk zu Aaron, und sie sagten zu ihm: Auf! Mache uns Götter (...) [2] Und Aaron sagte zu ihnen: Reißt die goldenen Ringe ab (...) [3] So riss sich denn das ganze Volk die goldenen Ringe ab, die an ihren Ohren hingen, und sie brachten sie zu Aaron. [4] Der nahm alles aus ihrer Hand (...) und machte ein gegossenes Kalb daraus.

Gott hat bereits im «Alten Testament» den Israeliten die Erlösung – das Ruhen in Gott – versprochen. Die Israeliten hörten damals wohl die Stimme Gottes, doch handelten sie nicht nach dem gehörten Wort. Im Gegenteil: Es gibt wohl keine Handlungsweise, keine Tat, die dem Wort Gottes mehr widersprechen würde als die Errichtung des «Goldenen Kalbes» und der Tanz darum herum zu einer Zeit, in der die Israeliten Gott jeden Tag direkt erfahren konnten.

4.1 HEUTE ohne GESTERN und MORGEN

Aber anstatt mit den Menschen zu brechen, hat Gott sein Wort in 10 Gebote gefasst und sein Versprechen erweitert und spricht nun mit seinem Wort alle an, die bereit sind, seine Stimme zu hören. Um mit dem Menschen Gemeinschaft zu pflegen, gibt es für Gott kein Gestern oder Morgen: Für ihn zählt allein das HEUTE. Gott vergibt, was gestern war, ihn interessiert aber auch nicht, was wir warum auf morgen aufschieben: Für ihn zählt allein die rechte Gesinnung HEUTE. Zur rechten Gesinnung gehört jedoch nicht nur das Hören. Hören kann man vieles. Man muss auch Hin-Hören, das Gehörte verstehen und annehmen.

Nur so kann das gehörte Wort lebendig werden und seine Kraft entfalten: «[39] Einer der gehenkten Übeltäter aber lästerte ihn: Bist du nicht der Christus? Rette dich selbst und uns! [40] Der andere aber antwortete und wies ihn zurecht und sprach: Auch du fürchtest Gott nicht, da du in demselben Gericht bist? [41] Und wir zwar mit Recht, denn wir empfangen, was unsere Taten wert sind; dieser aber hat nichts Ungeziemendes getan. [42] Und er sprach: Jesus, gedenke meiner, wenn du in dein Reich kommst! [43] Und er sprach zu ihm: Wahrlich, ich sage dir: Heute wirst du mit mir im Paradies sein.»[119]

4.2 Sabbatruhe ist mehr als nur Verzicht auf Arbeit

In Jesus haben die Menschen Gott zum Bruder. Jesus ist Gott und Hoherpriester in einer Person: In Jesus haben die Menschen einen Fürsprecher, der sie versteht, der Mitleid mit ihnen hat, da er <u>mit</u> und <u>für</u> die Menschen – uns – gelitten hat und doch ohne Sünde blieb und Erlösung bewirkte.

Die Erlösung für die Menschen ist ihre Ruhe in Gott. Wie Gott am siebten Tag von seinen Werken ruhte, so sollen auch die Erlösten in Gott von ihren Werken Ruhen. Erlösung ist gleichzusetzen mit Sabbatruhe. Der Sabbat, den Gott als Ruhetag eingesetzt hat, darf nicht mit einem Tag der Verbote gleichgesetzt werden: Der Sabbat ist eine Einladung zur Ruhe, zur Gemeinschaft mit Gott, zur Pflege dieser Beziehung, zur Erholung. Gott will, dass wir diesen Tag in Gemeinschaft mit ihm so sehr geniessen, dass uns der Gedanke an profane Arbeit einfach fremd wird. Das Sabbatgebot ist dann richtig verstanden, wenn der Mensch sich NICHT darüber den Kopf zerbricht, was an diesem Tag NICHT getan werden darf, sondern wenn er so sehr die Ruhe und die Gemeinschaft mit Gleichgesinnten, mit Gott, der Natur, dem Wort geniesst, dass ihm Gedanken an Zwänge und Verbote gar nicht erst in den Sinn

Lukas 23:
Im Hebräischen hat Vers 43 keine Interpunktion. Es besteht demzufolge gleichberechtigt auch folgende Möglichkeit der Lesart: *Ich sage dir heute, du wirst mit mir im Paradies sein.* Diese Lesart entspricht auch der biblischen Auffassung des Todes als ein Schlaf bis zum Tag der Auferstehung (siehe dazu auch Buch Daniel und Offenbarung / Tag des Gerichts / «Jüngstes Gericht»).

---

[119] Lukas 23

kommen, denn «[27] Der Sabbat ist um des Menschen willen geschaffen worden und nicht der Mensch um des Sabbats willen.»[120]

An diesem Tag soll der Mensch seine Beziehung zu Gott pflegen, studieren, ihn besser kennen lernen.

4.3 Gottes Ehre und die Ehre der Könige

Es heißt ja, Gottes Wege seien unergründbar und nicht selten ist es so, dass Gottes Wille im Weltgeschehen nicht wirklich verständlich ist, oft mutet uns die Welt sogar gottlos an. Die Bibel behauptet auch gar nicht, dass alles klar für den Menschen vorgezeichnet oder leicht verständlich niedergeschrieben sei, denn «Gottes Ehre ist es, eine Sache zu verbergen.»[121] Die Bibel frägt weiter: "Kannst du die TIEFE Gottes erreichen, oder das Wesen des Allmächtigen ergründen? HIMMELHOCH sind sie - was kannst du tun? TIEFER als der Scheol sind sie - was kannst du wissen? LÄNGER als die Erde ist ihr Maß und BREITER als das Meer!"[122]

Bedeutet das, dass der Mensch in seinem irdischen Dasein nur herum-irr-lichtern kann? Dass er zwar staunend den Kopf schütteln, aber die Zusammenhänge nie erklären kann?

Nein, denn der oben angeführte Gedanke geht weiter: «Aber der Könige Ehre (ist es,) eine Sache zu erforschen.»[123] Die Ehre der Könige. Wer ist damit gemeint, wer soll den Sachen auf den Grund gehen?

---

[120] Markus 2,27
[121] Sprüche 23, 2
[122] Hiob 11,7
[123] Sprüche 23, 2

Erforschen bedeutet, kritische Fragen zu stellen. Nicht alles unkommentiert stehen zu lassen[124], zu experimentieren, Alternativen auszutesten, den Sachen auf den Grund gehen. Den Grund der Dinge zu erfahren: Den Ursprung allen Seins, Gott. Das ist laut Bibel Aufgabe und Ehre der Könige. Wer sind nun diese Könige? In der Offenbarung gibt es einen entscheidenden Hinweis, wer mit diesen Königen gemeint ist: Johannes schreibt, «sind wir doch durch Christi Blut erkauft, mit dem Geist getauft und als Glieder Christi zu Königen und Priestern gemacht».[125]

Es ist also die Aufforderung an jeden Gläubigen, Gott zu suchen und zu ergründen, Traditionen kritisch zu hinterfragen, Lehrmeinungen nicht bedingungslos anzunehmen. Es ist die Ehre der Könige, eine Sache zu erforschen und Gott zu erkennen. Die Bibel ermuntert uns dazu, Gott zu erkennen und Gemeinschaft mit ihm zu pflegen.

Jedem, der dies versucht und mit Herz und Verstand Gott sucht, verspricht die Bibel in diesem Zusammenhang, «Gott offenbart das Tiefe und das Verborgene; ER weiß, was in der Finsternis ist, und bei Ihm wohnt das Licht!»[126], denn «es ist ein Gott im Himmel, der Geheimnisse offenbart!»[127]: «In Wahrheit: Euer Gott ist der Gott der Götter und der Herr der Könige, und ein Offenbarer der Geheimnisse! »[128]

4.4 Gott, Hoherpriester und Seelsorger
Damit der Mensch auf dieser Suche nicht allein ist, hat er in Jesus einen Lehrer, Freund und Beistand. Jesus selbst lehrt in seinen Gleichnissen und in seinen Reden, wie Gott zu verstehen ist, was Gott schätzt und was ihm missfällt. Wer kann das besser als Jesus, der doch selbst Gott ist, in Gestalt und Erfahrung aber den Menschen gleich, ihr Bruder. Gott hat sich seit

Hosea 4:
[6] Mein Volk kommt um aus Mangel an Erkenntnis. Weil du die Erkenntnis verworfen hast, so verwerfe ich dich, dass du mir nicht mehr als Priester dienst. Du hast das Gesetz deines Gottes vergessen, so vergesse auch ich deine Kinder.

Psalm 94:
[10] Der die Nationen unterweist, sollte der nicht zurechtweisen? - er, der Erkenntnis lehrt den Menschen?

---

[124] Lukas 11,52 Wehe euch Gesetzesgelehrten! Denn ihr habt den Schlüssel der Erkenntnis weggenommen; ihr selbst seid nicht hineingegangen, und die hineingehen wollten, habt ihr gehindert.
[125] Offb 5,10
[126] Daniel 2:22
[127] Daniel 2: 28
[128] Daniel 2: 47

jeher den Menschen angenommen, immer wieder die Hand ausgestreckt, nach ihnen gesucht, ihnen den Weg gezeigt.

In Jesus ist er auf Augenhöhe den Menschen gegenübergetreten. In Jesus haben die Menschen einen Freund und Mittler, der nach seiner Erlösungstat, den «Alten Bund» nicht aufgelöst, sondern überführt hat in einen «Neuen Bund». In diesem Bund ist er Gott und Hoherpriester in einer Person. Es bedarf keiner symbolhaft kultischen Handlungen mehr, denn der Weg ins Allerheiligste ist nicht mehr verstellt. Der trennende Vorhang ist entzweigerissen.

Die Sabbatruhe des Gottesvolkes - Vom Wesen und Wirken des Wortes Gottes

[1] Fürchten wir uns nun, dass nicht etwa - da die Verheißung, in seine Ruhe einzugehen, noch aussteht - jemand von euch als zurückgeblieben erscheint. [2] Denn auch uns ist eine gute Botschaft verkündigt worden, wie auch jenen; aber das gehörte Wort nützte jenen nicht, weil es bei denen, die es hörten, sich nicht mit dem Glauben verband. [3] Wir gehen nämlich in die Ruhe ein als die, die geglaubt haben, wie er gesagt hat: "So schwor ich in meinem Zorn: Sie sollen nimmermehr in meine Ruhe eingehen!", obwohl die Werke von Grundlegung der Welt an geschaffen waren. [4] Denn er hat irgendwo von dem siebten Tag so gesprochen: "Und Gott ruhte am siebten Tag von allen seinen Werken." [5] Und an dieser Stelle wiederum: "Sie sollen nimmermehr in meine Ruhe eingehen!" [6] Weil es nun dabei bleibt, dass einige in sie eingehen und die, denen zuerst die gute Botschaft verkündigt worden ist, des Ungehorsams wegen nicht hineingegangen sind, [7] bestimmt er wieder einen Tag, ein "Heute", und sagt durch David nach so langer Zeit, wie vorhin gesagt worden ist: "Heute, wenn ihr seine Stimme hört, verhärtet eure Herzen nicht!" [8] Denn wenn Josua sie in die Ruhe gebracht hätte, würde er danach nicht von einem anderen Tag geredet haben. [9] Also bleibt noch eine Sabbatruhe dem Volk Gottes übrig. [10] Denn wer in seine Ruhe eingegangen ist, der ist auch zur Ruhe gelangt von seinen Werken wie Gott von seinen eigenen. [11] Lasst uns nun eifrig sein, in jene Ruhe einzugehen, damit nicht jemand nach demselben Beispiel des Ungehorsams falle! [12] Denn das Wort Gottes ist lebendig und wirksam und schärfer als jedes zweischneidige Schwert und durchdringend bis zur Scheidung von Seele und Geist, sowohl der Gelenke als auch des Markes, und ein Richter der Gedanken und Gesinnungen des Herzens; [13] und kein Geschöpf ist vor ihm unsichtbar, sondern alles bloß und aufgedeckt vor den Augen dessen, mit dem wir es zu tun haben.

Jesu Erhabenheit über die Hohenpriester des Alten Testaments - Sein Priestertum nach der Ordnung Melchisedeks

[14] Da wir nun einen großen Hohenpriester haben, der durch die Himmel gegangen ist, Jesus, den Sohn Gottes, so lasst uns das Bekenntnis festhalten! [15] Denn wir haben nicht einen Hohenpriester, der nicht Mitleid haben könnte mit unseren Schwachheiten, sondern der in allem in gleicher Weise wie wir versucht worden ist, doch ohne Sünde. [16] Lasst uns nun mit Freimütigkeit hinzutreten zum Thron der Gnade, damit wir Barmherzigkeit empfangen und Gnade finden zur rechtzeitigen Hilfe!

5 Leichte Speise und schwere Kost

1	Der Hohepriester wird von Gott eingesetzt.
2	Der Hohepriester opfert für die Sünden der Menschen, seine eigenen miteingeschlossen.
3	Da der Hohepriester selbst sündig ist, irrt und schwach ist, hat er Mitgefühl mit den Sündern.
4	Jesus wurde von Gott als Hohepriester eingesetzt.
5	Sein Opfer wurde bedingungslose Grundlage des ewigen Heils, ER ist Urheber der Erlösung.
6	Der Mensch muss sich im Glauben üben: Wie bei der Ernährung beginnt der im Glauben Neugeborene mit Milch, bevor er feste Speise «verträgt».

Der Hohepriester wurde von Anbeginn von Gott eingesetzt. Da der Hohepriester selbst ein Mensch war, konnte er sich für seine Mitmenschen einsetzen, da er deren Schwäche(n) aus eigener Erfahrung kannte, da er Versuchung am eigenen Leib erfuhr. Selbst fehlbarer Mensch, war der Hohepriester Mittler zwischen Mensch und Gott. Darum opferte er sowohl für sich als auch für seine Mitmenschen. Dies tat er, um symbolisch vor Gott für die Menschen einzustehen, sich selbst miteingeschlossen.

Auch Jesus wurde von Gott als Hoherpriester eingesetzt, nicht in der Nachfolge Aarons[129], sondern nach der Weise des Melchisedeks.[130] So wie dieser nicht in einer Reihe der Priester aus dem Geschlecht Aarons steht, so steht auch Jesus als Hoherpriester «nach der Weise des Melchisedek» eine Sonderstellung zu. Jesus der vollkommene Hohepriester, Mittler und Bürge für die Menschen. Als Mensch kannte Jesus die Sünde und hat die Verlockungen der Versuchung am eigenen

Psalm 110:
[4] Geschworen hat der HERR, und es wird ihn nicht gereuen: "Du bist Priester in Ewigkeit nach der Weise Melchisedeks!"

---

[129] Grundsätzlich geht das Amt des Hohenpriesters auf Aaron, den Bruder des Mose zurück, der durch Worte und Zeichen Gottes zum Priester (Exodus 28,1f) und Hohepriester (Numeri 17,16–28) mit nahezu königlicher Würde (Levitikus 8,12) erwählt wird.
[130] Melchisedek kommt im Alten Testament nur im Psalm 110 und ganz am Anfang der Bibel in den Erzählungen über Abraham vor: „Melchisedek, der König von Salem, brachte Brot und Wein heraus. Er war Priester des höchsten Gottes." (Genesis 14,18) Anschließend segnet Melchisedek Abraham und dieser gibt ihm „den Zehnten von allem".

Leib erfahren. Deshalb kann er sich auch in idealer Weise für die Menschen einsetzen, sich für seine Brüder und Schwestern verbürgen.

5.1 Ohne Sünde mit der Sünde bestens vertraut

1 Johannes 3:

[5] Und ihr wisst, dass er offenbart worden ist, damit er die Sünden wegnehme; und Sünde ist nicht in ihm

Niemand hat so sehr die Bekanntschaft mit der Sünde gemacht als er. Er hat sich für die Sünder verbürgt und deren Schuld auf sich genommen: «[7] Er wurde misshandelt, aber er beugte sich und tat seinen Mund nicht auf wie das Lamm, das zur Schlachtung geführt wird und wie ein Schaf, das stumm ist vor seinen Scherern; und er tat seinen Mund nicht auf».[131]

1 Petrus 1:

[19] sondern mit dem kostbaren Blut Christi als eines Lammes ohne Fehler und ohne Flecken.

Da er – als wahrer Mensch – und trotz aller Nähe zu den Sündern, trotz aller Versuchung selbst ohne Sünde war und blieb, hielt er Gott in Ehren und wurde in allem erhöht: Durch sein Opfer wurde Jesus der Urheber der Erlösung und ist somit Urheber der Schöpfung UND Urheber der Erlösung. Mehr Verantwortung und Liebe kann niemand zeigen.

Durch Jesu' Tod, durch sein Opfer sind alle kultischen Opfer ausgesetzt und in Jesu Opfer aufgehoben. Jesus ist Mittler für die Menschen und Hoherpriester auf Ewigkeit. Ein menschlicher Hoherpriester ist nicht mehr notwendig, die Rolle des Bürgen für die sündhaften Menschen, die dennoch Gott suchen, hat Gott in Jesus nun selbst übernommen.

5.2 Der Weg von der Milch zur festen Nahrung

Dies sollte von den Gläubigen nicht vergessen werden, im Gegenteil, der Autor des Hebräerbriefes wünscht sich, dass alle, die diese Erkenntnis einmal erreicht haben, diesen Glaubensgrundsatz lehren. Er bedauert aber, dass Gläubige, die eigentlich Lehrer sein sollten, wieder zu Unmündigen im Glauben werden, da sie ihren Geist nicht schulen, ihre Sinne nicht schärfen, auf Traditionen bauen.

---

[131] Jesaja 53

Der Autor vergleicht Glaubensgrundsätze mit schmackhafter Kost, mit Nahrung für den Geist: Doch wenn der Geist verlernt hat, feste Nahrung zu sich zu nehmen, muss er wie die Kinder wieder mit Milch beginnen. Die Milch in der Bibel, die erste Nahrung findet sich aber in den Evangelien, den 10 Geboten und im Schöpfungsbericht.

[1] Denn jeder aus Menschen genommene Hoherpriester wird für Menschen eingesetzt im Blick auf das Verhältnis zu Gott, damit er sowohl Gaben als auch Schlachtopfer für Sünden darbringe, [2] wobei er Nachsicht zu haben vermag mit den Unwissenden und Irrenden, da auch er selbst mit Schwachheit behaftet ist; [3] und um ihretwillen muss er, wie für das Volk, so auch für sich selbst, der Sünden wegen opfern. [4] Und niemand nimmt sich selbst die Ehre, sondern er wird von Gott berufen wie auch Aaron. [5] So hat auch der Christus sich nicht selbst verherrlicht, um Hoherpriester zu werden, sondern der, welcher zu ihm gesagt hat: "Mein Sohn bist du, ich habe dich heute gezeugt." [6] Wie er auch an einer anderen Stelle sagt: "Du bist Priester in Ewigkeit nach der Ordnung Melchisedeks." [7] Der hat in den Tagen seines Fleisches sowohl Bitten als auch Flehen mit starkem Geschrei und Tränen dem dargebracht, der ihn aus dem Tod retten kann, und ist um seiner Gottesfurcht willen erhört worden, [8] und lernte, obwohl er Sohn war, an dem, was er litt, den Gehorsam; [9] und vollendet ist er allen, die ihm gehorchen, der Urheber ewigen Heils geworden, [10] von Gott begrüßt als Hoherpriester nach der Ordnung Melchisedeks.

Geistliche Unreife der Leser - Mahnung zum Ausharren - Trost im Blick auf das Ziel
[11] Darüber haben wir viel zu sagen, und es lässt sich schwer darlegen, weil ihr im Hören träge geworden seid. [12] Denn während ihr der Zeit nach Lehrer sein solltet, habt ihr wieder nötig, dass man euch lehre, was die Anfangsgründe der Aussprüche Gottes sind; und ihr seid solche geworden, die Milch nötig haben und nicht feste Speise. [13] Denn jeder, der noch Milch genießt, ist richtiger Rede unkundig, denn er ist ein Unmündiger; [14] die feste Speise aber ist für Erwachsene, die infolge der Gewöhnung geübte Sinne haben zur Unterscheidung des Guten wie auch des Bösen.

6 Gottes Schwur für die Menschen

1	Wer Erkenntnis hat, die himmlischen Gaben erfahren durfte und dennoch abfällt, kann nicht mehr erneuert werden.
2	Wer Erkenntnis hat und dennoch leugnet, spottet Christus.
3	Der Mensch muss bis ans Ende seiner Tage zum Wort Gottes stehen.
4	Gott hat Abraham reichlichen Segen versprochen und dieses Versprechen mit seinem Schwur bekräftigt.
5	Dieser Schwur reicht in das Innere des Vorhangs, worin Jesus als Hoherpriester und als unser Vorläufer eingetreten ist.

Gott hat mit Abraham einen Bund geschlossen und ihm reichlichen Segen versprochen. Dieses Versprechen bekräftigte Gott mit seinem Schwur: Wenn Menschen ein Versprechen bekräftigen oder den Wahrheitsgehalt einer Aussage absolut setzen möchten, schwören sie «bei Gott» und rufen ihn als Zeugen an. Gott hat sein Versprechen Abraham gegenüber auch mit einem Schwur bekräftigt, auch er hat «bei Gott», dem Allerhöchsten versprochen, dass er die Treue zu den Menschen wahren wird.

5 Mose 7:

[9]So erkenne denn, dass der HERR, dein Gott, der Gott ist, der treue Gott, der den Bund und die Güte bis auf tausend Generationen denen bewahrt, die ihn lieben und seine Gebote halten.

Da die Entscheidungen Gottes, wenn sie einmal gefällt sind, grundgelegt und unwandelbar sind, steht Gott zu seinem Wort bis ans Ende der Zeit, bis auf tausend Generationen, wie es im 5. Buch Mose symbolisch heißt. Nichts kann Gott von seinem Treueschwur abbringen, «denn ich (Gott) kenne ja die Gedanken, die ich über euch denke, spricht der HERR, Gedanken des Friedens und nicht zum Unheil, um euch Zukunft und Hoffnung zu gewähren»[132]: Gott «liebt die Welt so sehr, dass er seinen eingeborenen Sohn gab, damit jeder, der an ihn glaubt, nicht verloren geht, sondern ewiges Leben hat».[133]

---

[132] Jeremia 29,11
[133] Johannes 3,16

6.1 Zu einem Bund gehören zwei Parteien

Es ist niemals nur eine Partei, die einen Bund eingeht oder einen Vertrag schließt. Schließlich spricht man ja auch von Vertragspartnern. So auch hier. Doch Gott will gar kein kompliziertes Vertragswerk im «Neuen Bund», er möchte, dass die Menschen Beziehung mit ihm eingehen. Um Beziehung zu haben, braucht es auch wieder mehr als eine Partei. Egal ob es nun ein Bund, ein Vertrag oder eine Beziehung ist, die man leben möchte – Verhaltensregeln gehören immer dazu. So auch in der Beziehung zu Gott. In der Bergpredigt hat Gott selbst diese Verhaltensregeln nochmals erläutert und ist im Folgenden noch einen Schritt weiter gegangen, er hat seinen Teil der Abmachung bereits erfüllt. Mit Jesu Tod ist die Erlösung bereits in Kraft gesetzt.

6.2 Erlösung einlösen

Gottes Vertragswerk ist nicht nach dem Prinzip «quid pro quo»[134] aufgebaut. Gott ist bereits in Vorleistung gegangen, die Erlösung ist schon da, sie muss vom Menschen nur noch eingelöst werden. Der Mensch hält sozusagen einen Gutschein in der Hand, den er nur an der richtigen Stelle abgeben muss. Und das ist wichtig: An der richtigen Stelle abgeben, das bedeutet, mit der passenden Einstellung, mehr - mit Überzeugung. Der Mensch muss überzeugt sein, dass der eingelöste Gutschein Erlösung bewirkt. Das ist Gott wichtig. Er will keine

---

[134] Quid pro quo (lat. für „dies für das") ist ein Rechtsgrundsatz und ökonomisches Prinzip, nach dem eine Person, die etwas gibt, dafür eine angemessene Gegenleistung erhalten soll. Vergleichbar ist es mit den ebenfalls lateinischen Sprichwörtern manus manum lavat („Eine Hand wäscht die andere") und do ut des („Ich gebe, damit Du gibst"). WIKIPEDIA, 29.06.2020

Zauderer, Zweifler und Zögerer[135] – auch wenn er mit diesen nachsichtig umgeht. Er will eine bewusste 100%-Entscheidung an jedem HEUTE.

6.3   Im Wort bleiben

Gott fordert die Menschen auf, kritisch nach Wahrheit und Erkenntnis zu suchen und auf diesem Weg sein Wort als «fürwahr» anzuerkennen. Jedem, der ernsthaft nach Wahrheit sucht, gibt Gott das Versprechen, dass er Erkenntnis aus seinem Mund, aus dem Mund Gottes finden wird: Denn aus Gottes Mund kommen Erkenntnis und Verständnis, Gott will sich mitteilen und teilt sich mit: Direkt UND indirekt. Direkt durch seine 10 Gebote, durch die Reden Jesu, indirekt durch Propheten und die Niederschrift der Menschen:

Da die Bibel ja das von Menschen niedergeschriebene Wort Gottes ist – offenbart durch Propheten, erklärt durch Jesus, überliefert in den Büchern des Alten Testament, in den Evangelien, Briefen und Schriften des Neuen Testaments – ist klar, dass diesen Schriften Erkenntnis innewohnt, man muss nur danach suchen, «wie nach einem verborgenen Schatz»[136]: Die Bibel ist also eine Art Schatzkarte, ein Wegweiser zur Erkenntnis. Wer die Bibel ohne Vorurteil liest, mit Verstand durchdenkt und nach kritischer Prüfung annimmt, wird belohnt werden: «Denn Weisheit wird in dein Herz kommen, und Erkenntnis wird deiner Seele lieblich sein; [11] Besonnenheit wird über dich wachen, Verständnis dich behüten: [12] um dich zu erretten von dem bösen Wege, von dem Manne, der

Sprüche 2:

Wenn du dem Verstande rufst (...) wenn du ihn suchst (...) wie nach verborgenen Schätzen (...): [5] dann wirst du (...) die Erkenntnis Gottes finden. [6] Denn Jehova gibt Weisheit; aus seinem Munde kommen Erkenntnis und Verständnis. [7] Er bewahrt klugen Rat auf für die Aufrichtigen, er ist ein Schild denen, die in Vollkommenheit wandeln; [8] indem er die Pfade des Rechts behütet und den Weg seiner Frommen bewahrt. [9] Dann wirst du Gerechtigkeit verstehen und Recht und Geradheit, jede Bahn des Guten. [10]

---

[135] Johannes: Thomas aber, einer von den Zwölfen, genannt Zwilling, war nicht bei ihnen, als Jesus kam. [25] Da sagten die anderen Jünger zu ihm: Wir haben den Herrn gesehen. Er aber sprach zu ihnen: Wenn ich nicht in seinen Händen das Mal der Nägel sehe und meine Finger in das Mal der Nägel lege und lege meine Hand in seine Seite, so werde ich nicht glauben. [26] Und nach acht Tagen waren seine Jünger wieder drinnen und Thomas bei ihnen. Da kommt Jesus, als die Türen verschlossen waren, und trat in die Mitte und sprach: Friede euch! [27] Dann spricht er zu Thomas: Reiche deinen Finger her und sieh meine Hände, und reiche deine Hand her und lege sie in meine Seite, und sei nicht ungläubig, sondern gläubig! [28] Thomas antwortete und sprach zu ihm: Mein Herr und mein Gott! [29] Jesus spricht zu ihm: Weil du mich gesehen hast, hast du geglaubt. Glückselig sind, die nicht gesehen und doch geglaubt haben!

[136] Sprüche 2

Verkehrtes redet; [13] die da verlassen die Pfade der Geradheit, um auf den Wegen der Finsternis zu wandeln».[137]

Gott möchte, dass die Menschen, wenn sie diese Erkenntnis einmal erfahren haben, in seinem Wort bleiben[138] und keinen anderen Göttern nachlaufen[139].

Das galt im «Alten Testament» genauso wie im «Neuen Testament». Gott ist sich hier treu geblieben: Die Liebe zu Gott UND den Menschen ist in beiden Teilen der Bibel zentrales Thema. Übrigens galt im «Alten Testament» die Liebe und Rechtschaffenheit zu den Menschen nicht nur im Sinne von «Menschen gleicher Gesinnung» – sondern explizit auch für Fremde[140].

Der Gott des Alten Testaments ist nämlich nicht, wie oft fälschlicherweise behauptet, ein für uns fremder Gott, ein Gott, der seinem Wesen nach nicht mit Jesus und dem Gottesbild des Neuen Testamentes gemeinsam hat. Im Gegenteil: Gott war schon immer auf der Seite der Menschen: «[17] Der HERR, dein Gott, ist in deiner Mitte, ein Held, der rettet; er freut sich über dich in Fröhlichkeit, er schweigt in seiner Liebe, er jauchzt über dich mit Jubel».[141]

Sprüche 4:
[27] Bieg nicht ab zur Rechten noch zur Linken, lass weichen deinen Fuß vom Bösen!

---

[137] Sprüche 2

[138] Johannes 8, 31-32: Wenn ihr in meinem Wort bleibt, so seid ihr wahrhaft meine Jünger; und ihr werdet die Wahrheit erkennen, und die Wahrheit wird euch frei machen

[139] Jeremia 7, 5-7: Denn nur wenn ihr eure Wege und eure Taten wirklich gut macht, wenn ihr wirklich Recht übt untereinander, den Fremden, die Waise und die Witwe nicht unterdrückt, kein unschuldiges Blut an diesem Ort vergießt und nicht anderen Göttern nachlauft zu eurem Unheil, dann will ich euch an diesem Ort, in dem Land, das ich euren Vätern gegeben habe, wohnen lassen von Ewigkeit zu Ewigkeit.

[140] Jeremia 7, 5-7

[141] Zefanja 3

[1] Deshalb wollen wir das Wort vom Anfang des Christus lassen und uns der vollen Reife zuwenden und nicht wieder einen Grund legen mit der Buße von toten Werken und dem Glauben an Gott, [2] der Lehre von Waschungen und der Handauflegung, der Totenauferstehung und dem ewigen Gericht. [3] Und dies werden wir tun, wenn Gott es erlaubt. [4] Denn es ist unmöglich, diejenigen, die einmal erleuchtet worden sind und die himmlische Gabe geschmeckt haben und des Heiligen Geistes teilhaftig geworden sind [5] und das gute Wort Gottes und die Kräfte des zukünftigen Zeitalters geschmeckt haben [6] und doch abgefallen sind, wieder zur Buße zu erneuern, da sie für sich den Sohn Gottes wieder kreuzigen und dem Spott aussetzen. [7] Denn ein Land, das den häufig darauf kommenden Regen trinkt und nützliches Kraut hervorbringt für diejenigen, um derentwillen es auch bebaut wird, empfängt Segen von Gott; [8] wenn es aber Dornen und Disteln hervorbringt, so ist es unbrauchbar und dem Fluch nahe, der am Ende zur Verbrennung führt. [9] Wir aber sind, wenn wir auch so reden, im Hinblick auf euch, Geliebte, vom Besseren und zum Heil Dienlichen überzeugt. [10] Denn Gott ist nicht ungerecht, euer Werk zu vergessen und die Liebe, die ihr zu seinem Namen bewiesen habt, indem ihr den Heiligen gedient habt und dient. [11] Wir wünschen aber sehr, dass jeder von euch denselben Eifer um die volle Gewissheit der Hoffnung bis ans Ende beweise, [12] damit ihr nicht träge werdet, sondern Nachahmer derer, die durch Glauben und Ausharren die Verheißungen erben. [13] Denn als Gott dem Abraham die Verheißung gab, schwor er bei sich selbst - weil er bei keinem Größeren schwören konnte - [14] und sprach: "Wahrlich, reichlich werde ich dich segnen, und sehr werde ich dich mehren." [15] Und so erlangte er, indem er ausharrte, die Verheißung. [16] Denn Menschen schwören bei einem Größeren, und der Eid ist ihnen zur Bestätigung ein Ende alles Widerspruchs. [17] Deshalb hat sich Gott, da er den Erben der Verheißung die Unwandelbarkeit seines Ratschlusses noch viel deutlicher beweisen wollte, mit einem Eid verbürgt, [18] damit wir durch zwei unveränderliche Dinge, bei denen Gott doch unmöglich lügen kann, einen starken Trost hätten, die wir unsere Zuflucht dazu genommen haben, die vorhandene Hoffnung zu ergreifen. [19] Diese haben wir als einen sicheren und festen Anker der Seele, der in das Innere des Vorhangs hineinreicht, [20] wohin Jesus als Vorläufer für uns hineingegangen ist, der nach der Ordnung Melchisedeks Hoherpriester in Ewigkeit geworden ist.

7 Priester in Ewigkeit

1	Das Priestertum wurde geändert und damit auch das kultische Gesetz.
2	Mit Jeus wird ein NEUER Hoherpriester eingesetzt.
3	Menschliche Hohepriester waren schwach.
4	Jesus ist als Hoherpriester in Ewigkeit vollendet.
5	Das Gesetz allein vollbringt KEINE Erlösung.

Jesus ist Hoherpriester in Ewigkeit. Das ist für den Autor des Hebräerbriefes klar: Mit Jesus wurde eine Tradition, ein kultisches Gesetzt vollendet und damit aufgelöst, aufgehoben. Waren sämtliche Hoherpriester des «Alten Testaments» aus dem Stamm der Leviten, so übernimmt mit Jesus als Hoherpriester Gott selbst die Rolle des Fürsprechers. Was kann also dem Menschen Besseres geschehen, als wenn sich Gott selbst für ihn einsetzt und verbürgt. Da die bisherigen Hohepriester selbst schwach waren und in Sünde lebten, mussten sie ihren Priesterdienst immer mit einem Opfer für sich selbst beginnen, dann opferten sie für die Menschen.

Da Jesus selbst ohne Sünde war/ist, wohl aber mit der Sünde bestens vertraut war/ist, ist er bestens geeignet, seinen Dienst zu 100% für die Menschen darzubringen, da er nicht zuerst für seine eigene Schuld opfern muss. Seine ganze Aufmerksamkeit gilt also den Menschen.

7.1 Keine Umwege, keine Schleichwege

Mit dem Einsatz Jesu als Hoherpriester hat sich also auch das kultische Gesetz geändert. Es bedarf des Priestertums nicht mehr: Der Vorhang zum Allerheiligsten ist zerrissen, der Zugang zu Gott steht jedem direkt frei, als Mittler ist Jesus und damit Gott selbst der Ansprechpartner für die Menschen.

Direkter geht es nicht. Keine Umwege, keine Schleichwege, keine Goldenen Kälber oder Ersatzgötter. Der Mensch braucht niemanden, den er anbeten, zu dem er beten muss: Niemanden außer Gott selbst. Wer soll denn besser Fürbitte leisten als Gott selbst?

7.2 Jesus ist Hoherpriester aus sich selbst

Die Leviten waren durch das Gesetz für das Amt eingesetzt, Jesus durch die Kraft des ewigen Wortes, von Gott, und damit durch sich selbst. Nach der Ordnung des Melchisedek löst Jesus auch den Opferdienst ab und ersetzt das Schlachten der Opfertiere mit den Symbolen von Brot und Wein. Mit Jesus wurde dieser Dienst vollendet: Denn Erlösung kann nicht allein aus dem Gesetz bewirkt werden.

Erlösung geschieht (a) im Glauben (b) an das Gesetz (c) durch Gott.

7.3 Glaube-Gesetz-Gott: Erlösung geschieht in Christus allein.

Johannes 14:

[6] Jesus spricht zu ihm: Ich bin der Weg und die Wahrheit und das Leben. Niemand kommt zum Vater als nur durch mich.

So sagt Jesus selbst: «Und wie sagst du: Zeige uns den Vater? [10] Glaubst du nicht, dass ich in dem Vater bin und der Vater in mir ist? Die Worte, die ich zu euch rede, rede ich nicht von mir selbst; der Vater aber, der in mir bleibt, tut seine Werke. [11] Glaubt mir, dass ich in dem Vater bin und der Vater in mir ist; wenn aber nicht, so glaubt um der Werke selbst willen! [12] Wahrlich, wahrlich, ich sage euch: Wer an mich glaubt, der wird auch die Werke tun, die ich tue, und wird größere als diese tun, weil ich zum Vater gehe. [13] Und was ihr bitten werdet in meinem Namen, das werde ich tun, damit der Vater verherrlicht werde im Sohn.» [142]

---

[142] Johannes 14

Das Hohepriestertum Jesu ist erhaben über das levitische Priestertum

[1] Denn dieser Melchisedek, König von Salem, Priester Gottes, des Höchsten, - der Abraham entgegenging und ihn segnete, als er von der Niederwerfung der Könige zurückkehrte, [2] dem auch Abraham den Zehnten von allem zuteilte - heißt übersetzt zunächst König der Gerechtigkeit, dann aber auch König von Salem, das ist König des Friedens. [3] Ohne Vater, ohne Mutter, ohne Geschlechtsregister, hat er weder Anfang der Tage noch Ende des Lebens, er gleicht dem Sohn Gottes und bleibt Priester für immer. [4] Schaut aber, wie groß dieser ist, dem Abraham, der Patriarch, den Zehnten von der Beute gab! [5] Und zwar haben die von den Söhnen Levi, die das Priestertum empfangen, ein Gebot, den Zehnten von dem Volk nach dem Gesetz zu nehmen, das ist von ihren Brüdern, obwohl auch die aus der Lende Abrahams hervorgegangen sind. [6] Er aber, der sein Geschlecht nicht von ihnen ableitete, hat den Zehnten von Abraham genommen und den gesegnet, der die Verheißungen hatte. [7] Ohne jeden Widerspruch aber wird das Geringere von dem Besseren gesegnet. [8] Und hier zwar empfangen sterbliche Menschen die Zehnten, dort aber einer, von dem bezeugt wird, dass er lebt; [9] und sozusagen ist durch Abraham auch von Levi, der die Zehnten empfängt, der Zehnte erhoben worden, [10] denn er war noch in der Lende des Vaters, als Melchisedek ihm entgegenging. [11] Wenn nun die Vollendung durch das levitische Priestertum erreicht worden wäre - denn in Verbindung mit ihm hat das Volk das Gesetz empfangen -, welche Notwendigkeit bestand dann noch, einen anderen Priester nach der Ordnung Melchisedeks aufzustellen und nicht nach der Ordnung Aarons zu nennen? [12] Denn wenn das Priestertum geändert wird, so findet notwendig auch eine Änderung des Gesetzes statt. [13] Denn der, von dem dies gesagt wird, gehört zu einem anderen Stamm, aus dem niemand die Wartung des Altars hatte. [14] Denn es ist offenbar, dass unser Herr aus Juda entsprossen ist, von welchem Stamm Mose nichts in Bezug auf Priester geredet hat. [15] Und es ist noch weit augenscheinlicher, wenn gleich dem Melchisedek ein anderer Priester aufsteht, [16] der es nicht nach dem Gesetz eines fleischlichen Gebots geworden ist, sondern nach der Kraft eines unauflöslichen Lebens. [17] Denn ihm wird bezeugt: "Du bist Priester in Ewigkeit nach der Ordnung Melchisedeks." [18] Denn aufgehoben wird zwar das vorhergehende Gebot seiner Schwachheit und Nutzlosigkeit wegen [19] - denn das Gesetz hat nichts zur Vollendung gebracht -, eingeführt aber eine bessere Hoffnung, durch die wir uns Gott nahen. [20] Und wie dies nicht ohne Eid geschah - denn jene sind ohne Eid Priester geworden, [21] dieser aber mit Eid durch den, der zu ihm sprach: "Der Herr hat geschworen, und es wird ihn nicht gereuen: Du bist Priester in Ewigkeit!" -, [22] so ist Jesus auch eines besseren Bundes Bürge geworden. [23] Und jene sind in größerer Anzahl Priester geworden, weil sie durch den Tod verhindert waren zu bleiben; [24] dieser aber, weil er in Ewigkeit bleibt, hat ein unveränderliches Priestertum. [25] Daher kann er die auch völlig retten, die sich durch ihn Gott nahen, weil er immer lebt, um sich für sie zu verwenden. [26] Denn ein solcher Hoherpriester geziemte sich auch für uns: heilig, sündlos, unbefleckt, abgesondert von den Sündern und höher als die Himmel geworden, [27] der nicht Tag für Tag nötig hat, wie die Hohenpriester, zuerst für die eigenen Sünden Schlachtopfer darzubringen, dann für die des Volkes; denn dies hat er ein für alle Mal getan, als er sich selbst dargebracht hat. [28] Denn das Gesetz setzt Menschen als Hoherpriester ein, die mit Schwachheit behaftet sind, das Wort des Eides aber, das später als das Gesetz gegeben wurde, einen Sohn, der in Ewigkeit vollendet ist.

8 Wer Gott kennt, den erkennt auch Gott

1	Weltliche Hohepriester dien(t)en nur dem Schatten des Himmlischen.
2	Jesus sitzt als Hoherpriester direkt zur Rechten Gottes.
3	Das irdische Priestertum ist abgelöst und damit auch der irdische Priesterdienst.
4	Der irdische Priesterdienst ist grundgelegt im Alten Bund.
5	Der Alte Bund musste erneuert werden.
6	Das Priestertum wurde in Jesus vollendet.
7	Die Menschen des Neuen Bundes werden die Gesetze nicht nur kennen, sondern diese im Herz eingeschrieben haben.

Es gibt ein berühmtes Gleichnis, niedergeschrieben im siebten Buch der Politeia, aufgeschrieben von Platon[143]. Es geht um Menschen und ihre Erkenntnis der Welt. Diese Menschen leben in einer Höhle. Sie sind darin gefangen. Seit ihrer Kindheit an leben sie so darin, dass ihre Bewegungsfreiheit extrem eingeschränkt ist. Sie sind gefesselt, gebunden, sie können nicht nach Hinten blicken. Alles was sie wahrnehmen, erkennen sie vor ihnen. Sie wissen nichts von dem Feuer, das hinter ihnen lodert. Sie blicken immer nur auf die gegenüberliegende Höhlenwand.

In dieser Höhle befindet sich eine Mauer. Hinter dieser Mauer werden andauernd Gegenstände vorbeigetragen. Die Gegenstände überragen die Mauer und werfen so ihren Schatten an die Wand.

Doch die Gefangenen nehmen nur die Schatten wahr. Wenn die Personen, die die Gegenstände, die die Schatten werfen, tragen, miteinander sprechen, so denken die Gefangenen, die Schatten würden sprechen. Der Lebensbereich der

---

[143] Das Höhlengleichnis ist eines der bekanntesten Gleichnisse der antiken Philosophie. Es stammt von dem griechischen Philosophen Platon (428/427–348/347 v. Chr.), der es am Anfang des siebten Buches seines Dialogs Politeía von seinem Lehrer Sokrates erzählen lässt.

Gefangenen dreht sich einzig und allein nur um diese Schatten. Aus diesem Grund haben sie angefangen, den Schatten Namen zu geben, sie zu benennen und zu deuten. Die Gefangenen halten diese Schatten für die Wirklichkeit, für das Seiende.[144]

8.1 Aus dem Dunkel ins Licht

Platon stellt nun die Frage, was passieren würde, wenn man einen der Gefangenen losketten und ihn zwingen würde, sich umzudrehen[145]: Die Person wäre verwirrt, hätte Angst: Das Licht würde in den Augen schmerzen, sie würde die Umgebung nur geblendet und dadurch unklar wahrnehmen können. Logisch: Die klar umrissenen, gewohnten und vertrauten Schatten an der Wand wären für diese Person realer, als die anderen Figuren. Der Gefangene würde wieder zurück in die Dunkelheit wollen, denn dort empfand er keinen Schmerz und fühlte sich wohler und sicherer – in vertrauter Umgebung.[146]

8.2 Wieso einem Abbild dienen, einem Schatten?

Der Autor des Hebräerbriefes bringt nun einen ähnlichen Vergleich. Das irdische Priestertum ist ebenfalls nur Dienst am Schatten. Zwar stiftete Gott diesen Dienst und setzte ihn mittels Moses in Kraft, da aber fehlbare Menschen diesen Dienst im Alten Bund verrichteten, konnte dieser Dienst nie vollendet sein. Gott aber möchte die Menschen aus dem Schatten, aus dem Dunkel ins Licht führen.

---

[144] Die Gefangenen aus Platons Erzählung befinden sich somit nach der Erkenntnistheorie des grossen griechischen Philosophen auf der ersten Stufe der Erkenntnis: Der rein sinnlichen Wahrnehmung.

[145] Dieses Losketten der Gefangenen ist für Platon ein Symbol für philosophische Erziehung.

[146] Damit der nächste Schritt, der weitere Aufstieg in der Erkenntnis, vollzogen werden kann, muss man den Menschen nach Platons Auffassung also dazu zwingen: Mit Gewalt wird der Gefangene dem Sonnenlicht ausgesetzt. Auch wenn er im ersten Augenblick nichts erkennen würde, würde er sich langsam an das Sonnenlicht gewöhnen. Schließlich würde der Mensch erkennen, dass alle ihm bekannten Schatten durch das Licht geworfen werden.

Da die Menschen im «Alten Bund» Gott nicht treu waren und die Israeliten nicht im Bund mit Gott blieben, hat Gott mit allen Menschen einen «Neuen Bund» geschlossen und kam dazu selbst als Mittler auf die Erde. Jesus selbst hat den Bund initiiert, erklärt und mit seinen Taten in Kraft gesetzt. In seinem Opfertod war Jesus Hoherpriester und Opfer in einer Person. Da er ohne Makel war, wurde der Opferdienst durch ihn und mit ihm und in ihm vollendet.

Durch die Worte und Taten Jesu hat Gott auch dafür gesorgt, dass Erkenntnis zu den Menschen kommt. War die Erkenntnis im Alten Testamentes grössten Teils durch Schreiber oder Propheten übermittelt, ist im Neuen Testament Gott selbst der Überbringer der Botschaft und der erste, der zum Vorbild für alle Menschen nach den göttlichen Maßstäben handelte, wirkte und lebte.

Und Jesus ist in seiner Botschaft eindeutig: Es braucht keine Umwege, keine Schattenhandlungen, keine Abbilder: Jesus allein ist «der Weg und die Wahrheit und das Leben».[147] Es geht allein um die Erkenntnis Gottes. Erkenntnis im Sinn von Wissen, danach handeln, Gemeinschaft haben, ineinander aufgehen: Wenn Erkenntnis den Charakter einer innigen Beziehung annimmt[148], «[20] werdet ihr erkennen, dass ich in meinem Vater bin und ihr in mir und ich in euch. [21] Wer meine Gebote hat und sie hält, der ist es, der mich liebt; wer aber mich liebt, wird von meinem Vater geliebt werden; und ich werde ihn lieben und mich selbst ihm offenbaren».[149]

---

[147] Johannes 14,6
[148] 1Mo 4,1: Und der Mensch erkannte seine Frau Eva, und sie wurde schwanger und gebar Kain; und sie sagte: Ich habe einen Mann hervorgebracht mit dem HERRN.
[149] Johannes 14

8.3 Das Rezept zur Erkenntnis

Es gibt jedoch einen gravierenden Unterschied im Gleichnis des Autors des Hebräerbriefs und in Platons Gleichnis. Bei Gott wird niemand zur Erkenntnis gezwungen und Erkenntnis ist nicht schmerzhaft, im Gegenteil: Gott gibt Erkenntnis, er offenbart sich, er tritt selbst als Mittler auf. Seine Weisheit ist nicht verborgen, im Gegenteil: Jeder, der mit offenem Herzen danach sucht, kann Sie finden. Eins ist aber auch klar, bei aller wissenschaftlicher Erkenntnis und technischer Kunstfertigkeit, wahre Weisheit, Klugheit und Erkenntnis ist immer auch auf Gott gerichtet und durch Gott vermittelt:

Sprüche 1:
[22] Bis wann, ihr Einfältigen, wollt ihr Einfalt lieben und haben Spötter ihre Lust an Spott und hassen die Toren Erkenntnis?

«[1] Ja, für Silber gibt es einen Fundort und eine Stelle für Gold, wo man es auswäscht. [2] Eisen wird aus dem Erdreich hervorgeholt, und Gestein schmilzt man zu Kupfer. [3] Man setzt der Finsternis ein Ende und durchforscht bis zur äußersten Grenze das Gestein der Dunkelheit und Finsternis. [4] Man bricht einen Schacht fern von dem droben Wohnenden. Vergessen von dem Fuß, der oben geht, baumeln sie, fern von den Menschen schweben sie. [5] Die Erde, aus der das Brot hervorkommt, ihr Unteres wird umgewühlt wie vom Feuer. [6] Ihr Gestein ist die Fundstätte des Saphirs, und Goldstaub findet sich darin. [7] Ein Pfad, den der Raubvogel nicht kennt und den das Auge der Königsweihe nicht erblickt hat - [8] nie hat das stolze Wild ihn je betreten, der Löwe ist auf ihm nicht geschritten. [9] Nach dem harten Gestein streckt man seine Hand aus, wühlt die Berge um von Grund auf. [10] In die Felsen treibt man Stollen, und allerlei Kostbares sieht das Auge. [11] Die Sickerstellen von Wasseradern dämmt man ein, und Verborgenes zieht man hervor ans Licht.

[12] Aber die Weisheit, wo kann man sie finden, und wo ist denn die Fundstätte der Einsicht?

[13] Kein Mensch erkennt ihren Wert, und im Land der Lebendigen wird sie nicht gefunden. [14] Die Tiefe sagt: In mir ist sie nicht! - und das Meer sagt: Nicht bei mir! [15] Geläutertes Gold kann für sie nicht gegeben und Silber nicht abgewogen werden als Kaufpreis für sie. [16] Sie wird nicht aufgewogen mit Gold aus Ofir, mit kostbarem Schoham-Steioder Saphir. [17] Gold und Glas sind ihr nicht vergleichbar, noch lässt sie sich

eintauschen gegen ein goldenes Gerät. [18] Korallen und Bergkristall brauchen gar nicht erwähnt zu werden; und ein Beutel voller Weisheit ist mehr wert als ein Beutel voller Perlen. [19] Nicht vergleichbar mit ihr ist Topas aus Kusch; mit dem reinsten Gold wird sie nicht aufgewogen.

[20] Die Weisheit nun, woher kommt sie, und wo denn ist die Fundstätte der Einsicht? [21] Verhüllt ist sie vor den Augen alles Lebendigen, und vor den Vögeln des Himmels ist sie verborgen. [22] Der Abgrund und der Tod sagen: Nur vom Hörensagen haben wir mit unseren Ohren von ihr gehört.

[23] Gott ist es, der Einsicht hat in ihren Weg, und er kennt ihre Stätte. [24] Denn nur er blickt bis zu den Enden der Erde. Unter dem ganzen Himmel schaut er aus, [25] um dem Wind ein Gewicht zu bestimmen; und das Wasser begrenzte er mit einem Maß. [26] Als er dem Regen eine Ordnung bestimmte und einen Weg der donnernden Gewitterwolke, [27] da sah er sie und verkündigte sie, er stellte sie hin und erforschte sie auch.

[28] Und zu dem Menschen sprach er: Siehe, die Furcht des Herrn, sie ist Weisheit, und vom Bösen weichen, das ist Einsicht.»[150]

Jesaja 45:

[20] Versammelt euch und kommt! Nähert euch allesamt, ihr Entkommenen der Nationen! Keine Erkenntnis haben die, die das Holz ihres Götterbildes tragen und zu einem Gott flehen, der nicht retten kann.

Bei aller technischer Kunstfertigkeit, bei aller Wissenschaft, die Weisheit, die von Gott kommt und auf Gott gerichtet ist, ist dem Menschen Schild und Schutz, diese Weisheit bewahrt uns von einem Leben in der Höhle, von einem Leben im Schatten: Sie lässt uns Götzen erkennen, veraltete Traditionen ablegen, falsche Lehren widerlegen und «faule Kompromisse» meiden. Götzendienst, das Festhalten an veralteten Traditionen und falsche Lehren bedrohten nicht nur die Menschen im «Alten Testament». Auch die Menschen im «Neuen Bund» und in den Kirchen sind dieser Gefahr ausgesetzt. Um gegen diese Gefahr zu bestehen, hat Gott dem Menschen den Ver-

---

[150] Hiob 28

stand und sein Wort gegeben. Den Verstand klug anzuwenden und Gottes Wort klug auszulegen, ist jedoch in der Verantwortung des einzelnen Menschen.

Jesus der Mittler eines neuen und besseren Bundes

[1] Die Hauptsache aber bei dem, was wir sagen, ist: Wir haben einen solchen Hohenpriester, der sich gesetzt hat zur Rechten des Thrones der Majestät in den Himmeln, [2] als Diener des Heiligtums und des wahrhaftigen Zeltes, das der Herr errichtet hat, nicht ein Mensch. [3] Denn jeder Hohepriester wird eingesetzt, um sowohl Gaben als auch Schlachtopfer darzubringen; daher ist es notwendig, dass auch dieser etwas hat, das er darbringt. [4] Wenn er nun auf Erden wäre, so wäre er nicht einmal Priester, weil die da sind, die nach dem Gesetz die Gaben darbringen [5] - die dem Abbild und Schatten der himmlischen Dinge dienen, wie Mose eine göttliche Weisung empfing, als er im Begriff war, das Zelt aufzurichten; denn "Sieh zu", spricht er, "dass du alles nach dem Muster machst, das dir auf dem Berge gezeigt worden ist!". - [6] Jetzt aber hat er einen vortrefflicheren Dienst erlangt, wie er auch Mittler eines besseren Bundes ist, der aufgrund besserer Verheißungen gestiftet worden ist. [7] Denn wenn jener erste Bund tadellos wäre, so wäre kein Raum für einen zweiten gesucht worden. [8] Denn tadelnd spricht er zu ihnen: "Siehe, es kommen Tage, spricht der Herr, da werde ich mit dem Haus Israel und mit dem Haus Juda einen neuen Bund schließen, [9] nicht nach der Art des Bundes, den ich mit ihren Vätern machte an dem Tag, da ich ihre Hand ergriff, um sie aus dem Land Ägypten herauszuführen; denn sie blieben nicht in meinem Bund, und ich kümmerte mich nicht um sie, spricht der Herr. [10] Denn dies ist der Bund, den ich dem Haus Israel errichten werde nach jenen Tagen, spricht der Herr: Meine Gesetze gebe ich in ihren Sinn und werde sie auch auf ihre Herzen schreiben; und ich werde ihnen Gott und sie werden mir Volk sein. [11] Und nicht werden sie ein jeder seinen Mitbürger und ein jeder seinen Bruder lehren und sagen: Erkenne den Herrn! Denn alle werden mich kennen, vom Kleinen bis zum Großen unter ihnen. [12] Denn ich werde gegenüber ihren Ungerechtigkeiten gnädig sein, und ihrer Sünden werde ich nie mehr gedenken." [13] Indem er von einem "neuen" Bund spricht, hat er den ersten für veraltet erklärt; was aber veraltet und sich überlebt, ist dem Verschwinden nahe.

9 Das wahre Opfer

1	Das Heiligtum des Alten Testaments und die darin enthaltenden Gegenstände sind Abbild des himmlischen Heiligtums.
2	Das irdische Heiligtum ist aufgeteilt in das Heilige und das Allerheilige.
3	Besteht diese Zweiteilung, ist der Weg zur Erlösung noch nicht offenbart.
4	Christus ist Hoherpriester im himmlischen Heiligtum.
5	Er selbst ist das Opfer: Das Blut, das vergossen wurde zu Reinigung und Verheißung des Ewigen Bundes.
6	Jesus opferte EINMAL ZUR VOLLENDUNG der Zeitalter.

Das irdische Heiligtum ist Abbild des himmlischen Heiligtums. Diesen Gedanken des Abbildes hatten wir auch schon im vorherigen Kapitel. Wie ist denn das irdische Heiligtum aufgebaut?[151]

9.1 Das Heilige – das Allerheilige

Im Heiligen versammelten sich die Priester zum Dienst. Das Allerheilige wurde nur einmal im Jahr vom Hohenpriester betreten: Nicht ohne zuvor mit Opferblut eine Reinigung für sich und für die Sünden des Volkes zu erbitten. Die Architektur, die

---

[151] 2 Mose 40: 1 Und der HERR redete zu Mose und sprach: 2 Am Tag des ersten Monats, am Ersten des Monats, sollst du die Wohnung des Zeltes der Begegnung aufrichten. 3 Und du sollst die Lade des Zeugnisses hineinstellen und die Lade mit dem Vorhang verdecken. 4 Dann bringe den Tisch hinein und richte zu, was auf ihm zuzurichten ist! Auch den Leuchter bringe hinein und setze seine Lampen auf! 5 Ferner stelle den goldenen Altar für das Räucherwerk vor die Lade des Zeugnisses, und hänge den Vorhang des Eingangs zur Wohnung auf! 6 Den Brandopferaltar aber stelle vor den Eingang der Wohnung des Zeltes der Begegnung! 7 Dann stelle das Becken zwischen das Zelt der Begegnung und den Altar und tu Wasser hinein! 8 Richte ringsum den Vorhof auf! Auch den Vorhang des Tors zum Vorhof hänge auf! 9 Darauf nimm das Salböl und salbe die Wohnung und alles, was darin ist, und heilige dadurch sie und all ihre Geräte, damit sie heilig wird! 10 Salbe auch den Brandopferaltar und all seine Geräte und heilige dadurch den Altar, damit der Altar hochheilig wird! 11 Salbe das Becken und sein Gestell und heilige es dadurch! 12 Dann lass Aaron und seine Söhne an den Eingang des Zeltes der Begegnung herantreten und wasche sie mit Wasser! 13 Und bekleide Aaron mit den heiligen Kleidern, salbe ihn und heilige ihn dadurch, damit er mir den Priesterdienst ausübt! 14 Auch seine Söhne sollst du herantreten lassen und sie mit den Leibröcken bekleiden! 15 Und du sollst sie salben, wie du ihren Vater gesalbt hast, damit sie mir den Priesterdienst ausüben. Das soll geschehen, damit ihnen ihre Salbung zu einem ewigen Priesteramt sei, in all ihren Generationen. 16 Und Mose handelte ganz, wie ihm der HERR geboten hatte; so handelte er.

Gegenstände und Handlungsabläufe waren Symbole der damaligen Zeit, die Handlungen folglich symbolische Handlungen.

Wenn nun auch schon symbolische Handlungen Reinigung bewirken können, dann erst recht und in vollkommenerer Weise das «Schlachtopfer» Christi, Christus als Lamm Gottes.

9.2 Dreifaltigkeit und Dreieinigkeit

Die «Dreifaltigkeit Gottes» spiegelt sich hier auf einer anderen Ebene wieder: In der «Dreieinigkeit Jesu». Jesus ist Hoherpriester, Opferlamm und Gott in einer Person. Er selbst ist das Opfer, das Blut, das vergossen wurde zur Reinigung und zur Verheissung und Erfüllung des Ewigen Bundes. Er selbst ist der Fürsprecher und Mittler für die Menschen. Er selbst hat diesen Bund gestiftet. Durch und mit und in ihm ist der jährliche Dienst des Hohen Priesters vollkommen, Jesus opferte einmal, ein- für allemal als Hoherpriester des himmlischen Heiligtums, des Originals.

ALLE vergangenen und zukünftigen Symbolhandlungen sind abgelöst – und müssen auch nicht auf anderer Ebene wieder eingeführt werden.

Das Abendmahl - «tut dies zu meinem Gedächtnis»[152] - soll nur die Gemeinschaft der Gläubigen mit Jesus betonen. Denn das Neue Testament ist mit Jesu Tod in Kraft gesetzt, wie jedes Erbe angetreten werden kann, nach dem Tod dessen, der das Testament vermacht hat. Die Freiheit des Menschen besteht darin, dass er dieses Erbe annehmen, aber auch ablehnen kann.

---

[152] Vergleiche Lukas 22, 19f

Der alttestamentliche ist nur Abbild des vollkommenen Gottesdienstes

[1] Es hatte nun zwar auch der erste Bund Satzungen des Dienstes und das irdische Heiligtum. [2] Denn es wurde ein Zelt aufgerichtet, das vordere - in dem sowohl der Leuchter als auch der Tisch und die Schaubrote waren -, das das Heilige genannt wird, [3] hinter dem zweiten Vorhang aber ein Zelt, das das Allerheiligste genannt wird, [4] das einen goldenen Räucheraltar und die überall mit Gold überdeckte Lade des Bundes hatte, in welcher der goldene Krug, der das Manna enthielt, und der Stab Aarons, der gesprosst hatte, und die Tafeln des Bundes waren; [5] oben über ihr aber die Cherubim der Herrlichkeit, die den Versöhnungsdeckel überschatteten, von welchen Dingen jetzt nicht im Einzelnen zu reden ist. [6] Da aber dies so eingerichtet ist, gehen zwar in das vordere Zelt die Priester allezeit hinein und verrichten die Dienste, [7] in das zweite aber einmal im Jahr allein der Hohepriester, nicht ohne Blut, das er darbringt für sich selbst und für die Verirrungen des Volkes. [8] Damit zeigt der Heilige Geist an, dass der Weg zum Heiligtum noch nicht offenbart ist, solange das vordere Zelt noch Bestand hat. [9] Dieses ist ein Gleichnis für die gegenwärtige Zeit, nach dem sowohl Gaben als auch Schlachtopfer dargebracht werden, die im Gewissen den nicht vollkommen machen können, der den Gottesdienst ausübt. [10] Es sind nur - neben Speisen und Getränken und verschiedenen Waschungen - Satzungen des Fleisches, die bis zur Zeit einer richtigen Ordnung auferlegt sind.

Das einmalige und vollkommene Opfer Jesu

[11] Christus aber ist gekommen als Hoherpriester der zukünftigen Güter und ist durch das größere und vollkommenere Zelt - das nicht mit Händen gemacht, das heißt, nicht von dieser Schöpfung ist - [12] und nicht mit Blut von Böcken und Kälbern, sondern mit seinem eigenen Blut ein für alle Mal in das Heiligtum hineingegangen und hat uns eine ewige Erlösung erworben. [13] Denn wenn das Blut von Böcken und Stieren und die Asche einer jungen Kuh, auf die Unreinen gesprengt, zur Reinheit des Fleisches heiligt, [14] wie viel mehr wird das Blut des Christus, der sich selbst durch den ewigen Geist als Opfer ohne Fehler Gott dargebracht hat, euer Gewissen reinigen von toten Werken, damit ihr dem lebendigen Gott dient! [15] Und darum ist er Mittler eines neuen Bundes, damit, da der Tod geschehen ist zur Erlösung von den Übertretungen unter dem ersten Bund, die Berufenen die Verheißung des ewigen Erbes empfangen. [16] - Denn wo ein Testament ist, da muss notwendig der Tod dessen eintreten, der das Testament gemacht hat. [17] Denn ein Testament ist gültig, wenn der Tod eingetreten ist, weil es niemals Kraft hat, solange der lebt, der das Testament gemacht hat. [18] Daher ist auch der erste Bund nicht ohne Blut eingeweiht worden. [19] Denn als jedes Gebot nach dem Gesetz von Mose dem ganzen Volk mitgeteilt war, nahm er das Blut der Kälber und Böcke mit Wasser und Purpurwolle und Ysop und besprengte sowohl das Buch selbst als auch das ganze Volk [20] und sprach: "Dies ist das Blut des Bundes, den Gott für euch geboten hat." [21] Aber auch das Zelt und alle Gefäße des Dienstes besprengte er ebenso mit dem Blut; [22] und fast alle Dinge werden mit Blut gereinigt nach dem Gesetz, und ohne Blutvergießen gibt es keine Vergebung. [23] Es ist nun nötig, dass die Abbilder der himmlischen Dinge hierdurch gereinigt werden, die himmlischen Dinge selbst aber durch bessere Schlachtopfer als diese. [24] Denn Christus ist nicht hineingegangen in ein mit Händen gemachtes Heiligtum, ein Abbild des wahren Heiligtums, sondern in den Himmel selbst, um jetzt vor dem Angesicht Gottes für uns zu erscheinen, [25] auch nicht, um sich selbst oftmals zu opfern, wie der Hohepriester alljährlich mit fremdem Blut in das Heiligtum hineingeht [26] - sonst hätte er oftmals leiden müssen von Grundlegung der Welt an -; jetzt aber ist er einmal in der Vollendung der Zeitalter offenbar geworden, um durch sein Opfer die Sünde aufzuheben. [27] Und wie es den Menschen bestimmt ist, einmal zu sterben, danach aber das Gericht, [28] so wird auch der Christus, nachdem er einmal geopfert worden ist, um vieler Sünden zu tragen, zum zweiten Male ohne Beziehung zur Sünde denen zum Heil erscheinen, die ihn erwarten.

10 Zurück zum Verderben oder volle Kraft voraus?

1	Jährliche Schlachtopfer machen nicht vollkommen und können keine Sünden sühnen.
2	Jesus kam in die Welt um den Willen Gottes, seinen Willen zu erfüllen.
3	Gottes Wille ist dem Menschen zum Heil.
4	Das Opfer des Leibes Jesu ist einmalig.
5	Der zweite Bund ersetzt den ersten.
6	Jesu Opfer kann den Sünder heiligen.
7	Durch das Blut Jesu haben wir «Freizügigkeit».
8	Mutwillig zu sündigen, obwohl das wahre Opfer erkannt wurde, führt zum Verderben.
9	Für seine Überzeugung einzutreten und diese gegen Anfeindungen zu verteidigen, führt durch Christus zum Heil.

Mit Jesu Tod wurde das Versprechen Gottes, das er den Menschen gegeben hat, vollendet, eingelöst. Im Gegensatz zu den Opfern der Priester, die stets nur als Symbolhandlungen zu sehen und zu verstehen sind und keine Erlösung erreichen können, sondern eher als mahnende Ritualhandlungen zu sehen sind, die den Menschen ihre Sündhaftigkeit bewusst machen sollten, kann das Ofer Jesu Erlösung bewirken

Kann: Muss aber nicht. Obwohl dieses Opfer vollkommen, bedingungslos und einmalig ist, nicht wiederholt werden muss und ewig gilt, gehört zur Erlösung auch die Bereitschaft, diese anzunehmen. Der Mensch muss erkennen und annehmen, dass Jesus in die Welt kam, um den Willen Gottes, seinen Willen, zu erfüllen und das wahre und einzige Erlösungswerk zu vollbringen, denn die jährlichen Schlachtopfer können nicht vollkommen machen: Sonst wäre ja bereits die Sünde aus der Welt. Nur das Werk Jesu und dessen Annahme durch den Menschen kann die Sünde aufheben. Jesu Werk ist die ausgestreckte Hand Gottes.

Es ist aber Aufgabe des Menschen, in diese ausgestreckte Hand Gottes einzuschlagen. Tut er dies, ist die Erlösung vollendet, da der Mensch mit Gott versöhnt ist und – so er es ernst meint – dem göttlichen Charakter ähnlicher wurde,

Jesaja 59:
Denn unserer Vergehen sind wir uns bewusst, und unsere Sünden, die kennen wir: [13] brechen mit dem HERRN und ihn verleugnen und zurückweichen von unserem Gott, reden von Unterdrückung und Abfall, mit Lügenworten schwanger werden und sie aus dem Herzen sprechen

schliesslich will Gott ja seine «Gesetze in ihre Herzen geben und sie auch in ihren Sinn schreiben[153]».

Das heisst, ein Mensch, der die Erlösungstat Jesu für sich annimmt, in Anspruch nimmt und bereit ist, auch seinen Teil dazu beizutragen, wird sich im Charakter ändern, da er Regeln und Gesetze nicht aus Furcht erfüllt, sondern deren Bedeutung erkannt, sein Wesen geändert und ein stückweit göttlichen Charakter angenommen hat.

So ein Mensch braucht keinen irdischen Priester, keine Symbolhandlungen und Rituale, um mit Gott ins Reine zu kommen, da er in direkter Verbindung mit Gott steht, in Jesus einen Mittler und Fürsprecher hat und direkt in der Gnade Gottes steht, der den Menschen «Eintritt in das Heiligtum (verschafft) als einen neuen und lebendigen Weg durch den Vorhang (das ist Jesus)».[154]

Jeremia 32:

Sie, ihre Könige, Oberen, Priester und Propheten, die Männer Judas und die Bewohner Jerusalems, [33] haben mir den Rücken und nicht das Angesicht zugekehrt, und obwohl ich sie stets lehren ließ, wollten sie nicht hören noch sich bessern. [34] Dazu haben sie ihre Gräuelbilder in das Haus gesetzt, das nach meinem Namen genannt ist, dass sie es unrein machten.

[1] Denn da das Gesetz einen Schatten der zukünftigen Güter, nicht der Dinge Ebenbild selbst hat, so kann es niemals mit denselben Schlachtopfern, die sie alljährlich darbringen, die Hinzunahenden für immer vollkommen machen. [2] Denn würde sonst nicht ihre Darbringung aufgehört haben, weil die den Gottesdienst Übenden, einmal gereinigt, kein Sündenbewusstsein mehr gehabt hätten? [3] Doch in jenen Opfern ist alljährlich ein Erinnern an die Sünden; [4] denn unmöglich kann Blut von Stieren und Böcken Sünden wegnehmen. [5] Darum spricht er, als er in die Welt kommt: "Schlachtopfer und Opfergabe hast du nicht gewollt, einen Leib aber hast du mir bereitet; [6] an Brandopfern und Sündopfern hast du kein Wohlgefallen gefunden. [7] Da sprach ich: Siehe, ich komme - in der Buchrolle steht von mir geschrieben -, um deinen Willen, Gott, zu tun." [8] Vorher sagt er: "Schlachtopfer und Opfergaben und Brandopfer und Sündopfer hast du nicht gewollt, auch kein Wohlgefallen daran gefunden" - die doch nach dem Gesetz dargebracht werden -; [9] dann sprach er: "Siehe, ich komme, um deinen Willen zu tun" - er nimmt das Erste weg, um das Zweite aufzurichten. [10] In diesem Willen sind wir geheiligt durch das ein für alle Mal geschehene Opfer des Leibes Jesu Christi. [11] Und jeder Priester steht täglich da, verrichtet den Dienst und bringt oft dieselben Schlachtopfer dar, die niemals Sünden hinwegnehmen können. [12] Dieser aber hat ein Schlachtopfer für Sünden dargebracht und sich für immer gesetzt zur Rechten Gottes. [13] Fortan wartet er, bis seine Feinde hingelegt sind als Schemel seiner Füße. [14] Denn mit einem Opfer hat er die, die geheiligt werden, für immer vollkommen gemacht. [15] Das bezeugt uns aber auch der Heilige Geist; denn nachdem er gesagt hat: [16] "Dies ist der Bund, den ich für sie errichten werde nach jenen Tagen, spricht

---

[153] Ins Herz und in den Sinn geschrieben, nicht gesetzestreu dem Buchstaben nach: Das ist der Unterschied des Menschen im Neuen Bund zu den Pharisäern des Alten Bundes, von denen Jesus sagt (Matthäus 5,20): Wenn eure Gerechtigkeit nicht besser ist als die der Schriftgelehrten und Pharisäer, so werdet ihr nicht in das Himmelreich kommen.
[154] Vgl. Hebräer 10, 19-22

der Herr, ich werde meine Gesetze in ihre Herzen geben und sie auch in ihren Sinn schreiben"; [17] und: "Ihrer Sünden und ihrer Gesetzlosigkeiten werde ich nicht mehr gedenken." [18] Wo aber Vergebung dieser Sünden ist, gibt es kein Opfer für Sünde mehr.

Mahnung zu Glaubenszuversicht und Treue - Warnung vor Rückfall

[19] Da wir nun, Brüder, durch das Blut Jesu Freimütigkeit haben zum Eintritt in das Heiligtum, [20] den er uns eröffnet hat als einen neuen und lebendigen Weg durch den Vorhang - das ist durch sein Fleisch -, [21] und einen großen Priester über das Haus Gottes, [22] so lasst uns hinzutreten mit wahrhaftigem Herzen in voller Gewissheit des Glaubens, die Herzen besprengt und damit gereinigt vom bösen Gewissen und den Leib gewaschen mit reinem Wasser. [23] Lasst uns das Bekenntnis der Hoffnung unwandelbar festhalten - denn treu ist er, der die Verheißung gegeben hat -, [24] und lasst uns aufeinander achthaben, um uns zur Liebe und zu guten Werken anzureizen, [25] indem wir unser Zusammenkommen nicht versäumen, wie es bei einigen Sitte ist, sondern einander ermuntern, und das umso mehr, je mehr ihr den Tag herannahen seht! [26] Denn wenn wir mutwillig sündigen, nachdem wir die Erkenntnis der Wahrheit empfangen haben, bleibt kein Schlachtopfer für Sünden mehr übrig, [27] sondern ein furchtbares Erwarten des Gerichts und der Eifer eines Feuers, das die Widersacher verzehren wird. [28] Hat jemand das Gesetz Moses verworfen, stirbt er ohne Barmherzigkeit auf zwei oder drei Zeugen hin. [29] Wie viel schlimmere Strafe, meint ihr, wird der verdienen, der den Sohn Gottes mit Füßen getreten und das Blut des Bundes, durch das er geheiligt wurde, für gemein erachtet und den Geist der Gnade geschmäht hat? [30] Denn wir kennen den, der gesagt hat: "Mein ist die Rache, ich will vergelten"; und wiederum: "Der Herr wird sein Volk richten." [31] Es ist furchtbar, in die Hände des lebendigen Gottes zu fallen! [32] Gedenkt aber der früheren Tage, in denen ihr, nachdem ihr erleuchtet worden wart, viel Leidenskampf erduldet habt, [33] als ihr teils durch Schmähungen und Bedrängnisse zur Schau gestellt und teils Gefährten derer wurdet, denen es so erging! [34] Denn ihr habt sowohl mit den Gefangenen gelitten als auch den Raub eurer Güter mit Freuden aufgenommen, da ihr wisst, dass ihr für euch selbst einen besseren und bleibenden Besitz habt. [35] Werft nun eure Zuversicht nicht weg, die eine große Belohnung hat. [36] Denn Ausharren habt ihr nötig, damit ihr, nachdem ihr den Willen Gottes getan habt, die Verheißung davontragt. [37] Denn noch eine ganz kleine Weile, und der Kommende wird kommen und nicht säumen. [38] "Mein Gerechter aber wird aus Glauben leben"; und: "Wenn er sich zurückzieht, wird meine Seele kein Wohlgefallen an ihm haben." [39] Wir aber sind nicht von denen, die zurückweichen zum Verderben, sondern von denen, die glauben zur Gewinnung des Lebens.

11 Glaube begünstigt ohne Rücksicht auf Stand und Herkunft

1	Glaube versetzt Berge.
2	Glaube bedeutet auch Mangel und Feindschaft.
3	Das Alte Testament ist voll von Glaubenszeugen.
4	Glaube ist definiert als (a) feste Zuversicht, dass das eintritt, was man erhofft und als (b) Nicht-Zweifel an dem, was man sieht.
5	Ohne Glaube ist es unmöglich Gott zu gefallen.

Apostelgeschichte 4:

[13] Als sie aber die Freimütigkeit des Petrus und Johannes sahen und bemerkten, dass es ungelehrte und ungebildete Leute seien, verwunderten sie sich; und sie erkannten sie, dass sie mit Jesus gewesen waren.

Glaube kann Unmögliches bewirken. Christliche Literatur ist voll von solchen «Geschichten». Hier empfiehlt es sich ebenfalls, mit Verstand an diese Berichte heranzugehen und diese kritisch zu hinterfragen. Nicht alles, was hier berichtet wird, muss gleich ein Wunder sein. Jedoch: «Glaube versetzt Berge.» Es muss ja etwas an diesem Sprichwort dran sein, es muss Wahrheit beinhalten, ist es doch zu einem geflügelten Wort geworden.

Die Bibel hat jedoch Prämissen, wann Glaube Berge versetzen kann: Es muss «aktiver» Glaube sein, der mit Überzeugung gelebt wird, kein Zurücklehnen mit der Gesinnung, «Gott wird es schon richten». Es braucht den Verfechter dieses Glaubens, dann bekommt die eigene Kraft Hilfe von Gottes unerschöpflicher Kraft.

11.1 Der Mensch muss seinen Beitrag leisten

Ein gutes Beispiel ist die Erweckung des Lazarus: Lazarus, ein Freund Jesu war gestorben. Seit Tagen tot. Bereits in der Gruft bestatten und die Gruft mit einem schweren Stein verschlossen. Als Jesus kam, herrschte Trauer und Wehmut, aber auch die Überzeugung, Jesus hätte Lazarus vor dem Tod bewahren können. Zum Zeichen seiner Göttlichkeit erweckt Jesus den Verstorbenen, nicht ohne aber vorher dessen Angehörige den schweren Stein vom Eingang wegwälzen zu lassen.

Es wäre Jesus ein Leichtes gewesen, bei der Auferweckung auch den Stein beiseite zu schaffen. Aber so wird deutlich,

Gott wirkt nur im Team: Der Mensch muss seinen Beitrag leisten.[155]

So wie der Glaube Berge versetzen und begeistern kann, kann Glaube auch Mangel und Feindschaft nach sich ziehen. Auch dann soll er jedoch aktiv gelebt werden. Das ist eine grosse Herausforderung, die es anzunehmen gilt.

11.2 Vor Gott sind alle Menschen gleich

Ohne gelebten Glauben ist es unmöglich, Gott zu gefallen. Darin ist sich der Autor des Briefes sicher. Sicher ist er sich aber auch der Tatsache, dass eben dieser Glaube ohne Sicht auf Stand und Herkunft, Alter, Geschlecht oder Hautfarbe begünstigt. Es ist jedoch die Aufgabe der Gläubigen, diesen Glauben und dieses Gottesbild zu bezeugen, gegen Anfeindungen zu verteidigen UND vor Verfälschung zu bewahren.

Dazu muss man nicht Theologie studiert haben. Es reicht aus, seine persönliche Erfahrung, sein Wissen, gewonnen aus der Bibel zu bewahren, zu verkünden und zu verteidigen:

«[18] Und als er (Jesus) in das Boot stieg, bat ihn der, der besessen gewesen war, dass er bei ihm sein dürfe. [19] Und er (Jesus) gestattete es ihm nicht, sondern spricht zu ihm: Geh in dein Haus zu den Deinen und verkünde ihnen, wie viel der Herr an dir getan und wie er sich deiner erbarmt hat. [20] Und er ging hin und fing an, im Zehnstädtegebiet auszurufen, wie viel Jesus an ihm getan hatte; und alle wunderten sich.»[156].

---

[155] Johannes 11: [39] Jesus spricht: Nehmt den Stein weg! Die Schwester des Verstorbenen, Marta, spricht zu ihm: Herr, er riecht schon, denn er ist vier Tage hier. [40] Jesus spricht zu ihr: Habe ich dir nicht gesagt, wenn du glaubtest, so würdest du die Herrlichkeit Gottes sehen? [41] Sie nahmen nun den Stein weg. Jesus aber hob die Augen empor und sprach: Vater, ich danke dir, dass du mich erhört hast. [42] Ich aber wusste, dass du mich allezeit erhörst; doch um der Volksmenge willen, die umhersteht, habe ich es gesagt, damit sie glauben, dass du mich gesandt hast. [43] Und als er dies gesagt hatte, rief er mit lauter Stimme: Lazarus, komm heraus! [44] Und der Verstorbene kam heraus, an Füßen und Händen mit Grabtüchern umwickelt, und sein Gesicht war mit einem Schweißtuch umbunden. Jesus spricht zu ihnen: Macht ihn frei und lasst ihn gehen!
[156] Markus 5

Der Glaube: sein Wesen und seine Wirkungen - Glaubenszeugen des Alten Bundes

[1] Der Glaube aber ist eine Wirklichkeit dessen, was man hofft, ein Überführtsein von Dingen, die man nicht sieht. [2] Denn durch ihn haben die Alten Zeugnis erlangt. [3] Durch Glauben verstehen wir, dass die Welten durch Gottes Wort bereitet worden sind, so dass das Sichtbare nicht aus Erscheinendem geworden ist. [4] Durch Glauben brachte Abel Gott ein besseres Opfer dar als Kain, durch welchen Glauben er das Zeugnis erhielt, gerecht zu sein, indem Gott Zeugnis gab zu seinen Gaben; und durch diesen Glauben redet er noch, obgleich er gestorben ist. [5] Durch Glauben wurde Henoch entrückt, so dass er den Tod nicht sah, und er wurde nicht gefunden, weil Gott ihn entrückt hatte; denn vor der Entrückung hat er das Zeugnis gehabt, dass er Gott wohlgefallen habe. - [6] Ohne Glauben aber ist es unmöglich, ihm wohlzugefallen; denn wer Gott naht, muss glauben, dass er ist und denen, die ihn suchen, ein Belohner sein wird. [7] Durch Glauben baute Noah, als er eine göttliche Weisung über das, was noch nicht zu sehen war, empfangen hatte, von Furcht bewegt, eine Arche zur Rettung seines Hauses. Durch ihn verurteilte er die Welt und wurde Erbe der Gerechtigkeit, die nach dem Glauben ist. [8] Durch Glauben war Abraham, als er gerufen wurde, gehorsam, auszuziehen an den Ort, den er zum Erbteil empfangen sollte; und er zog aus, ohne zu wissen, wohin er komme. [9] Durch Glauben siedelte er sich im Land der Verheißung an wie in einem fremden und wohnte in Zelten mit Isaak und Jakob, den Miterben derselben Verheißung; [10] denn er erwartete die Stadt, die Grundlagen hat, deren Baumeister und Schöpfer Gott ist. [11] Durch Glauben empfing er auch mit Sara, obwohl sie unfruchtbar war, Kraft, Nachkommenschaft zu zeugen, und zwar über die geeignete Zeit des Alters hinaus, weil er den für treu erachtete, der die Verheißung gegeben hatte. [12] Deshalb sind auch von einem, und zwar Gestorbenen, so viele geboren worden wie die Sterne des Himmels an Menge und wie der Sand am Ufer des Meeres, der unzählbar ist. [13] Diese alle sind im Glauben gestorben und haben die Verheißungen nicht erlangt, sondern sahen sie von fern und begrüßten sie und bekannten, dass sie Fremde und ohne Bürgerrecht auf der Erde seien. [14] Denn die, die solches sagen, zeigen deutlich, dass sie ein Vaterland suchen. [15] Und wenn sie an jenes gedacht hätten, von dem sie ausgezogen waren, so hätten sie Zeit gehabt zurückzukehren. [16] Jetzt aber trachten sie nach einem besseren, das ist nach einem himmlischen. Darum schämt sich Gott ihrer nicht, ihr Gott genannt zu werden, denn er hat ihnen eine Stadt bereitet. [17] Durch Glauben hat Abraham, als er geprüft wurde, den Isaak dargebracht, und er, der die Verheißung empfangen hatte, brachte den einzigen Sohn dar, [18] über den gesagt worden war: "In Isaak soll deine Nachkommenschaft genannt werden", [19] indem er dachte, dass Gott auch aus den Toten erwecken könne, von woher er ihn auch im Gleichnis empfing. [20] Durch Glauben segnete Isaak auch im Hinblick auf zukünftige Dinge den Jakob und den Esau. [21] Durch Glauben segnete Jakob sterbend einen jeden der Söhne Josefs und betete an über der Spitze seines Stabes. [22] Durch Glauben gedachte Josef sterbend des Auszugs der Söhne Israels und traf Anordnung wegen seiner Gebeine. [23] Durch Glauben wurde Mose nach seiner Geburt drei Monate von seinen Eltern verborgen, weil sie sahen, dass das Kind schön war; und sie fürchteten das Gebot des Königs nicht. [24] Durch Glauben weigerte sich Mose, als er groß geworden war, ein Sohn der Tochter Pharaos zu heißen, [25] und zog es vor, lieber zusammen mit dem Volk Gottes geplagt zu werden, als den zeitlichen Genuss der Sünde zu haben, [26] indem er die Schmach des Christus für größeren Reichtum hielt als die Schätze Ägyptens; denn er schaute auf die Belohnung. [27] Durch Glauben verließ er Ägypten und fürchtete die Wut des Königs nicht; denn er hielt standhaft aus, als sähe er den Unsichtbaren. [28] Durch Glauben hat er das Passah gefeiert und die Bestreichung mit Blut ausgeführt, damit der Verderber der Erstgeburt sie nicht antastete. [29] Durch Glauben gingen sie durch das Rote Meer wie über trockenes Land, während die Ägypter, als sie es versuchten, verschlungen wurden. [30] Durch Glauben fielen die Mauern Jerichos, nachdem sie sieben Tage umzogen worden waren. [31] Durch Glauben kam Rahab, die Hure, nicht mit den Ungehorsamen um, da sie die Kundschafter in Frieden aufgenommen hatte. [32] Und was soll ich noch sagen? Denn die Zeit würde mir fehlen, wenn ich erzählen wollte von Gideon, Barak, Simson, Jeftah, David und Samuel und den Propheten, [33] die durch Glauben Königreiche bezwangen, Gerechtigkeit wirkten, Verheißungen erlangten, der Löwen Rachen verstopften, [34] des Feuers Kraft auslöschten, des Schwertes

Schärfe entgingen, aus der Schwachheit Kraft gewannen, im Kampf stark wurden, der Fremden Heere zurücktrieben. [35] Frauen erhielten ihre Toten durch Auferstehung wieder; andere aber wurden gefoltert, da sie die Befreiung nicht annahmen, um eine bessere Auferstehung zu erlangen. [36] Andere aber wurden durch Verhöhnung und Geißelung versucht, dazu durch Fesseln und Gefängnis. [37] Sie wurden gesteinigt, zersägt, starben den Tod durch das Schwert, gingen umher in Schafpelzen, in Ziegenfellen, Mangel leidend, bedrängt, geplagt. [38] Sie, deren die Welt nicht wert war, irrten umher in Wüsten und Gebirgen und Höhlen und den Klüften der Erde. [39] Und diese alle, die durch den Glauben ein Zeugnis erhielten, haben die Verheißung nicht erlangt, [40] da Gott für uns etwas Besseres vorgesehen hat, damit sie nicht ohne uns vollendet werden sollten.

12 Züchtigung und Zurechtweisung – ein veraltetes Motiv?

1	Durch das Zeugnis der Vorfahren wird der Glauben bekräftigt.
2	Züchtigung und Zurechtweisung sind keine Instrumente der Unterdrückung.
3	Zurechtweisung kann im Augenblick ungerecht erscheinen.
4	Die Menschen sollen aufeinander achten.
5	Einmal noch wird erschüttert werden, damit das Unvergängliche eingesetzt werden kann.
6	Gott wird am Ende jeden nutzlosen Ballast wie ein Feuer verzehren.

Die Motive «Züchtigung und Zurechtweisung» sind in diesem Kapitel des Briefes zentral und befremden in der heutigen Zeit. Sie wirken aus der Zeit gefallen, schrecken ab und muten «unsympathisch» an.

Wenn der Leser mit bestimmten Aussagen und Motiven der Bibel nicht zurechtkommt, ist es wichtig, sich nicht gleich vom Text abzuwenden, sondern in der Bibel auf die Suche zu gehen, wo und in welchem Zusammenhang (a) dieses oder (b) ein ähnliches Motiv an (c) anderer Stelle vorkommt: Oft geben andere Fundstellen genauere Auskunft über die Bedeutung des gerade eben gelesenen. Wir müssen uns auch vergegenwärtigen, dass die Bibel – auch wenn sie zeitlos und universell gilt - in und für einen anderen Kulturkreis und in vergangenen Jahrtausenden verfasst wurde.

Psalm 94:
[12] Glückselig der Mann, den du züchtigst.

Züchtigung ist in der Schrift meist verbunden mit Liebe und Sohnschaft und schließt Unterweisung und Erziehung mit ein. Dabei gilt: Wer liebt, der züchtigt.[157]

Im Augenblick der Züchtigung scheint diese nicht erfreulich, sondern schmerzhaft zu sein, kann aber dazu dienen,

---

[157] Vgl. 5. Mose 8,5; Sprüche 13,24; Hebräer 12,5-11; Offenbarung 3,19

dass der so «Gezüchtigte» mehr Frucht bringt.[158] Zucht ist daher oftmals mit dem Baumschnitt zu vergleichen: Auch hier wird die Pflanze in Form gebracht, zurechtgeschnitten, damit sie Frucht bringt. Ein Baumschnitt im Obstgarten hat nie zum Ziel eine Pflanze zu zerstören, sie verkümmern zu lassen – im Gegenteil.

Auf ähnliche Weise ist in der Bibel auch das Wort «Zurechtweisen» positiv besetzt. Es hat nicht im Geringsten mit Rechthaberei zu tun, sondern mit Verantwortung. Mit Verantwortung, die Gott für den Menschen übernimmt, damit dieser nicht in die Irre läuft. Deshalb weist Gott den sündigen Menschen zurecht. Eine Aufgabe, die Gott auch seinen Gläubigen im Sinne der Nächstenliebe überträgt: Im «Alten Testament» wie im «Neuen Testament» ist das Wort «Zurechtweisen» positiv besetzt: «Ihr sollt im Gericht nicht Unrecht tun; du sollst die Person des Geringen nicht bevorzugen (im Sinne von ausnutzen) und die Person des Großen nicht ehren; in Gerechtigkeit sollst du deinen Nächsten richten. [16] Du sollst nicht als ein Verleumder unter deinen Volksgenossen umhergehen. Du sollst nicht gegen das Blut deines Nächsten auftreten. Ich bin der HERR. - [17] Du sollst deinen Bruder in deinem Herzen nicht hassen. Du sollst deinen Nächsten ernstlich zurechtweisen, damit du nicht seinetwegen Schuld trägst».[159]

12.1 Zurechtweisen heißt: Verantwortung übernehmen

«Du sollst deinen Nächsten ernstlich zurechtweisen, damit du nicht seinetwegen Schuld trägst»: Das heißt, wenn einem Menschen auffällt, dass sein Mitmensch irrt, falsch handelt, falsch redet oder falsch lehrt, ist es seine Pflicht, diesen zurecht-zu-weisen, damit derjenige, dem der Irrtum aufgefallen ist nicht seinetwegen – dem Irrenden wegen - Schuld trägt.

Was bedeutet das? Wenn einem Gläubigen auffällt, dass jemand in Gefahr ist, seine Verbindung zu Gott zu verlieren,

---

[158] Johannes 15,2
[159] 3 Mose 19,15

so muss er ihn zurechtweisen, es ist sonst die «Schuld» dessen, der schweigt, wenn ein Mensch verloren geht.

12.2 Raus mit der Sprache

In diesem Zusammenhang bekommt «Zurechtweisen» eine andere Dimension. Hier bedeutet «Zurechtweisen» nicht nur auf einen Irrtum hinweisen, sondern Verantwortung zu übernehmen und besonders wichtig: Zu seiner eigenen Überzeugung zu stehen und diese zu äussern – nicht hinter vorgehaltener Hand etwas «besser» zu wissen.

Nein: Raus mit der Sprache, auch wenn es unbequem ist. Zurechtweisung in diesem Sinne kann sowohl für den Zurechtgewiesenen wie auch für den Zurechtweisenden im Moment der Zurechtweisung unangenehm sein. Das galt im «Alten Testament» und das gilt im «Neuen Testament». Jesus selbst bekräftigt dies, «[1] er sprach aber zu seinen Jüngern: Es ist unmöglich, dass nicht Verführungen kommen. Wehe aber dem, durch den sie kommen! [2] Es wäre ihm nützlicher, wenn ein Mühlstein um seinen Hals gelegt und er ins Meer geworfen würde, als dass er einem dieser Kleinen (Menschen) Anlass zur Sünde gäbe! [3] Habt acht auf euch selbst: Wenn dein Bruder sündigt, so weise ihn zurecht, und wenn er es bereut, so vergib ihm! [4] Und wenn er siebenmal am Tag an dir sündigt und siebenmal zu dir umkehrt und spricht: Ich bereue es; so sollst du ihm vergeben.»[160]

12.3 Zurechtweisen und Zeugnis geben

Zurechtweisen und Zeugnis geben: In der Bibel sind das die zwei Seiten einer Medaille. Durch das Zeugnis der Vorfahren wurde im Alten wie im Neuen Testament Gottes Wirken bekundet. Jesus selbst hat seinen Glauben, seine Überzeugung allen Anfeindungen zum Trotz aufrechterhalten, allein uns zum Zeugnis: Damit wir befähigt werden, Irrtum von Wahr-

---

[160] Lukas 17

heit zu unterscheiden. Gottes Anliegen ist es, dass die Menschen ihre Ohren nicht verschließen, sondern Gottes Wort hören, es verstehen und weitergeben, aber nicht verfälschen.

12.4 Bildhauer des Wortes Gottes

Die Reden der Propheten und die Reden Jesu sind voll mit Warnungen vor falschen Propheten. Jesus deckte die falschen Lehren und Auslegungen der Pharisäer auf und entzog ihnen die Deutungshoheit. Unmissverständlich drückte er aus: «9 Vergeblich aber verehren sie mich, indem sie als Lehren Menschengebote lehren. 10 Und er rief die Volksmenge herbei und sprach zu ihnen: Hört und versteht! 11 Nicht was in den Mund hineingeht, verunreinigt den Menschen, sondern was aus dem Mund herausgeht, das verunreinigt den Menschen. (...) 16 Er aber sprach: Seid auch ihr noch unverständig? 17 Begreift ihr nicht, dass alles, was in den Mund hineingeht, in den Bauch geht und in den Abort ausgeworfen wird? 18 Was aber aus dem Mund herausgeht, kommt aus dem Herzen hervor, und das verunreinigt den Menschen.»[161] Jesus warnt deutlich davor, dass die Lehre Gottes nicht durch menschliche, traditionelle Argumente verwässert werden sollen. Er ist klar darin: Was geschrieben steht, steht geschrieben. Er erklärt auch nichts für ungültig, außer kultische Symbolhandlungen und Auslegungen des Gesetzes im Sinne eines pharisäischen Verständnisses (die vieles in Ihrem Sinne ausgelegt oder Inhalte hinzugefügt haben).

Jesus selbst hat den Kern der Lehre in der Bergpredigt nochmals zusammengefasst und erklärt. Seine Gleichnisse sind moralischer Kompass, die Briefe der Apostel Theologie. Die Gefahr, dass Lehren der Bibel aufgeweicht werden oder durch andere, vielleicht bequemere Lehren ersetzt werden, die nicht auf Gott zielen, sondern den bevorzugen, der diese Lehren in die Welt setzt, ist in der Bibel vorhergesagt: Zeiten und

1. Timotheus 4:

16 Habe acht auf dich selbst und auf die Lehre; beharre in diesen Dingen! Denn wenn du dies tust, so wirst du sowohl dich selbst retten als auch die, die dich hören.

---

161 Matthäus 15

Gesetze werden geändert[162], falsche Lehren werden verkündet.

12.5 Charakterzüge falscher Propheten

Die Bibel gibt Erkennungsmerkmale, anhand derer sich falsche Propheten erkennen lassen. Dies traf im «Alten Testament» zu und trifft auch noch heute zu. Denn überall, wo sich Menschen zu einer Gemeinschaft oder Kirchen zusammenschliessen, menschelt es: Dort suchen Menschen Aufmerksamkeit, Macht, den eigenen Vorteil. Das gilt universal und trifft für jede Glaubensgemeinschaft zu. Die Merkmalliste der Bibel kann helfen, Irrlichter und falsche Propheten zu enttarnen.

12.6 Steckbrief falscher Propheten

Es ist immer das gleiche, falsche Propheten erkennt man an ihrer Verschlagenheit und Hinterlist[163]. An innerer Verdorbenheit[164] und Falschheit[165]. An Gier[166] und Verlogenheit[167]. An Trunkenheit[168] und Torheit[169]. An Verrätertum[170], ehebrecherischen Gewohnheiten[171], Mördergesinnung[172], Dünkel[173], Profanität[174], Ruchlosigkeit, Verantwortungslosigkeit [175] und Diebesgesinnung[176]. Trifft nur eines dieser Wesenszüge auf einen religiösen Führer, Prediger oder Mahner zu, ist Vorsicht geboten.

Auch Paulus mahnt in seinem Brief an Timotheus: «Predige das Wort, stehe bereit zu gelegener und ungelegener Zeit;

---

[162] Daniel 7,25
[163] vgl. Jer 14,13-16
[164] vgl. Jer 23,11
[165] vgl. Jer 6,13ff.; 18,10ff.; 23,13-14.32; 29,23; Hes 13,2.17
[166] vgl. Jer 6,13; 8,10; Mi 3,11; 2Petr 2,3.15
[167] vgl. Jer 6,13ff.; 27,9ff.14.18; Jes 9,14ff.; Hes 22,28
[168] vgl. Jes 28,7; 56,10ff.)
[169] vgl. Jer 2,8; 29,23; Hos 9,7
[170] Hos 9,8; Zef 3,4
[171] vgl. Jer 23,14; 29,23
[172] vgl. Klgl 4,13
[173] vgl. Jer23,21; 29,31
[174] Jer 23,14; Zef 3,4
[175] vgl. Jer 23,32
[176] Jer 23,30

überführe, weise zurecht, ermahne mit aller Langmut und Lehre! [3] Denn es wird eine Zeit sein, da sie die gesunde Lehre nicht ertragen, sondern nach ihren eigenen Begierden sich selbst Lehrer aufhäufen werden, weil es ihnen in den Ohren kitzelt; [4] und sie werden die Ohren von der Wahrheit abkehren und sich zu den Fabeln hinwenden.» Er bekräftigt seine Worte auch in seinem Brief an Titus: «Einen sektiererischen Menschen weise nach einer ein- und zweimaligen Zurechtweisung ab, da du weißt, dass ein solcher verkehrt ist und sündigt und durch sich selbst verurteilt ist.»[177]

Es ist deutlich klar, Jesus ist die Reinheit des Wortes Gottes wichtig. Es ist die Verantwortung des einzelnen, dafür Sorge zu tragen, nicht den schönen Reden auf den Leim zu gehen, sondern Stellung zu beziehen und die wahre Lehre zu verteidigen. Dazu haben die Gläubigen auch ein Werkzeug: Das Wort Gottes, die Bibel.

Anhand der Bibel kann jeder Gläubige einem Bildhauer gleich an jede Lehre oder Tradition, an jeden Glaubensgrundsatz oder Katechismus das Wort Gottes herausschälen. Er kann eine Meisel ansetzen und überprüfen ob in überlieferter Tradition wahre Lehre steckt, oder ob diese verfälscht oder gar komplett falsch ist.

Immer wenn jemand die Bibel als Richtschnur ablehnt, nur teilweise als richtig anerkennt, in Frage stellt, anzweifelt, ergänzen oder berichtigen will, muss man gewarnt sein: Im Zweifel ist es Gott lieber, wenn eine kleine Gemeinschaft zu seinem Wort steht, als wenn viele in die Irre geleitet werden, denn: «Wo zwei oder drei versammelt sind in meinem Namen, da bin ich in ihrer Mitte.»[178]

---

[177] Titus 3,10f
[178] Matthäus 18,20

Ausharren in Prüfungen nach dem Vorbild Jesu

[1] Deshalb lasst nun auch uns, da wir eine so große Wolke von Zeugen um uns haben, jede Bürde und die uns so leicht umstrickende Sünde ablegen und mit Ausdauer laufen den vor uns liegenden Wettlauf, [2] indem wir hinschauen auf Jesus, den Anfänger und Vollender des Glaubens, der um der vor ihm liegenden Freude willen die Schande nicht achtete und das Kreuz erduldete und sich gesetzt hat zur Rechten des Thrones Gottes. [3] Denn betrachtet den, der so großen Widerspruch von den Sündern gegen sich erduldet hat, damit ihr nicht ermüdet und in euren Seelen ermattet! [4] Ihr habt im Kampf gegen die Sünde noch nicht bis aufs Blut widerstanden [5] und habt die Ermahnung vergessen, die zu euch als zu Söhnen spricht: "Mein Sohn, schätze nicht gering des Herrn Züchtigung, und ermatte nicht, wenn du von ihm gestraft wirst! [6] Denn wen der Herr liebt, den züchtigt er; er schlägt aber jeden Sohn, den er aufnimmt." [7] Was ihr erduldet, ist zur Züchtigung: Gott behandelt euch als Söhne. Denn ist der ein Sohn, den der Vater nicht züchtigt? [8] Wenn ihr aber ohne Züchtigung seid, deren alle teilhaftig geworden sind, so seid ihr Bastarde und nicht Söhne. [9] Zudem hatten wir auch unsere leiblichen Väter als Züchtiger und scheuten sie. Sollen wir uns nicht vielmehr dem Vater der Geister unterordnen und leben? [10] Denn sie züchtigten uns zwar für wenige Tage nach ihrem Gutdünken, er aber zum Nutzen, damit wir seiner Heiligkeit teilhaftig werden. [11] Alle Züchtigung scheint uns zwar für die Gegenwart nicht Freude, sondern Traurigkeit zu sein; nachher aber gibt sie denen, die durch sie geübt sind, die friedvolle Frucht der Gerechtigkeit.

Heiligung im Blick auf das Ziel

[12] Darum "richtet auf die erschlafften Hände und die gelähmten Knie", [13] und "macht gerade Bahn für eure Füße!", damit das Lahme nicht abirre, sondern vielmehr geheilt werde. [14] Jagt dem Frieden mit allen nach und der Heiligung, ohne die niemand den Herrn schauen wird; [15] und achtet darauf, dass nicht jemand an der Gnade Gottes Mangel leide, dass nicht irgendeine Wurzel der Bitterkeit aufsprösse und euch zur Last werde und durch sie viele verunreinigt werden; [16] dass nicht jemand ein Hurer oder ein Gottloser sei wie Esau, der für eine Speise sein Erstgeburtsrecht verkaufte! [17] Denn ihr wisst, dass er auch nachher, als er den Segen erben wollte, verworfen wurde, denn er fand keinen Raum zur Buße, obgleich er sie mit Tränen eifrig suchte. [18] Denn ihr seid nicht gekommen zu etwas, das betastet werden konnte, und zu einem angezündeten Feuer und dem Dunkel und der Finsternis und dem Sturm [19] und zu dem Schall der Posaune und der Stimme der Worte, deren Hörer baten, dass das Wort nicht mehr an sie gerichtet werde [20] - denn sie konnten nicht ertragen, was angeordnet wurde: "Und wenn ein Tier den Berg berührt, soll es gesteinigt werden", [21] und so furchtbar war die Erscheinung, dass Mose sagte: "Ich bin voll Furcht und Zittern" -, [22] sondern ihr seid gekommen zum Berg Zion und zur Stadt des lebendigen Gottes, dem himmlischen Jerusalem; und zu Myriaden von Engeln, einer Festversammlung; [23] und zu der Gemeinde der Erstgeborenen, die in den Himmeln angeschrieben sind; und zu Gott, dem Richter aller; und zu den Geistern der vollendeten Gerechten; [24] und zu Jesus, dem Mittler eines neuen Bundes; und zum Blut der Besprengung, das besser redet als das Blut Abels. [25] Seht zu, dass ihr den nicht abweist, der da redet! Denn wenn jene nicht entkamen, die den abwiesen, der auf Erden die göttlichen Weisungen gab; wie viel mehr wir nicht, wenn wir uns von dem abwenden, der von den Himmeln her redet! [26] Dessen Stimme erschütterte damals die Erde; jetzt aber hat er verheißen und gesagt: "Noch einmal werde ich nicht nur die Erde bewegen, sondern auch den Himmel." [27] Aber das "noch einmal" deutet die Verwandlung der Dinge an, die als geschaffene erschüttert werden, damit die unerschütterlichen bleiben. [28] Deshalb lasst uns, da wir ein unerschütterliches Reich empfangen, dankbar sein, wodurch wir Gott wohlgefällig dienen mit Scheu und Furcht! [29] Denn auch unser Gott "ist ein verzehrendes Feuer".

13 Gottes Platz in dieser Welt

1	Gott ist an der Seite der Gerechten.
2	Brüderliche Liebe und Gastfreundschaft sind christliche Tugenden.
3	Das Wort Gottes ist Richtschnur.
4	Glaube soll unverfälscht weitergegeben und bewahrt werden.

Das Motiv der gegenseitigen Verantwortung, Gastfreundschaft und Liebe ist abermals zentral im letzten Kapitel des Hebräerbriefes.

Gutes tun und mit anderen zu teilen, sind die Opfer, die Gott gefallen. Schlachtopfer sind durch das ewig gültige Opfer, der Kreuzestod von Jesus – obsolet, überkommen. Dies ist ein zentraler Glaubensgrundsatz der Bibel: Christen haben Anteil an der Verheißung durch ihren Glauben. Kraft zur Erlösung hat jedoch nur ein unverfälschter Glaube, der weder Überkommenes hochhält noch daran festhält oder Neues hinzufügt.

13.1 Fundamentalismus neu gedacht

Unter Umständen ist es für den einzelnen wertvoller, nicht der Masse nachzulaufen: Weder der säkularisierten Menge noch den religiösen Traditionalisten.

Vielleicht muss in diesem Zusammenhang Fundamentalismus neu gedacht, neu definiert und aus der verstaubten Schublade oder aus der Terrorismusecke zurück ans Tageslicht gebracht werden. Von der Wortbedeutung hergeleitet, bedeutet Fundamentalismus in erster Linie, an einem Fundament, an einem (Glaubens-)Grundsatz festzuhalten. Für den christlichen Glauben ist dieses Fundament die Bibel und die in ihr enthaltenen Lehren: Die 10 Gebote, die Existenz eines Schöpfergottes, der mit den Menschen – seinen Geschöpfen – einen liebevollen Bund eingeht und damit verbunden der Glaube an Erlösung und an eine «Neue Welt».

Wäre das so schlimm? Was soll an einem solchen Fundamentalismus falsch sein: Die 10 Gebote, die bereits Grundlage aller Varianten von Menschenrechtserklärungen sind, die Würde des Menschen, die nicht wegen seiner Abstammung

2 Petrus 3:
Und seht in der Langmut unseres Herrn die Rettung, wie auch unser geliebter Bruder Paulus nach der ihm gegebenen Weisheit euch geschrieben hat, [16] wie auch in allen Briefen, wenn er in ihnen von diesen Dingen redet. In diesen Briefen ist einiges schwer zu verstehen, was die Unwissenden und Ungefestigten verdrehen, wie auch die übrigen Schriften zu ihrem eigenen Verderben. [17] Da ihr, Geliebte, es nun vorher wisst, so hütet euch, dass ihr nicht durch den Irrwahn der Ruchlosen mit fortgerissen werdet und aus eurer eigenen Festigkeit fallt!

vom Affen, sondern wegen seiner Verbundenheit mit Gott unantastbar ist, ein Schöpfergott, der uns die Schöpfung in Verantwortung anvertraut, das Gebot der Nächstenliebe und die Aufforderung, religiöse Meinungen und Lehren kritisch zu hinterfragen und Jesus in seiner Haltung und in seiner Liebe zu den Menschen und allen Geschöpfen nachzufolgen. Dieser Fundamentalismus kann nicht falsch sein.

Wie könnte christlicher Fundamentalismus aussehen: Ein Vorschlag für sieben Grundpfeiler:

1)Die Zehn Gebote, die 2) Existenz eines Schöpfergottes, der mit den Menschen – 3) seinen Geschöpfen – einen 4) liebevollen Bund eingeht und damit verbunden der 5) Glaube an 6) Erlösung und an 7) eine «Neue Welt».

13.2 Fundamentalismus versus Traditionalismus

Falsch ist ein Fundamentalismus, der Traditionen zu seinen Grundpfeilern zählt und an Lehren festhält, die Hierarchien festigen, Abhängigkeit fördern und Intoleranz bis hin zu Gewaltbereitschaft predigen. Gegen einen solchen Traditionalismus ist bereits Jesus zu Felde gezogen. Ganz klar: Jesus hat «Fundamentalismus» gepredigt und «Traditionalismus» verdammt. Wenn wir heute die Religionen, im Besonderen aber auch die christlichen Konfessionen und Glaubensgemeinschaften kritisch hinterfragen, müssen wir uns fragen, wie viel Fundament steckt noch in den Lehren der Kirchen und wieviel Tradition übernimmt die Vorherrschaft und versucht Hierarchien zu festigen, Abhängigkeiten zu fördern und Intoleranz zu predigen? Solch eine Haltung ist extremer Traditionalismus und hat mit einem «gesunden», reflektierten Fundamentalismus wie oben definiert nichts zu tun.

	Fundament	Tradition
10 Gebote	2. Moses 20,3 bis 17	Katechismus
Kommentar	Hinsichtlich der Zählweise der 10 Gebote gibt es Unterschiede zwischen der katholischen und der evangelisch-reformierten Kirche. Gemäß Katechismus der Katholischen Kirche wird das 2. Gebot ausgelassen («Du sollst dir kein Bildnis noch irgendein Gleichnis machen»), dafür werden aus dem 10. Gebot zwei Gebote gemacht, damit Reformierte als auch Katholiken auf (wieder) 10 Gebote kommen.	
Tag des Herrn	Sabbat (7. Tag. d. Woche)	Sonntag (1. Tag d. Woche)
Kommentar	An keiner Stelle der Bibel findet sich ein Text, der die Heiligung des Sonntags fordert. Ruhetag der Bibel ist der Samstag oder Sabbat, der letzte Wochentag. Dies ist der Ruhetag im Schöpfungsbericht und der Ruhetag nach dem Kreuzestod. Sonntag ist der biblische erste Wochentag, so fand auch die Auferstehung am ersten Tag der Woche statt. Die Sonntagsheiligung begann erst im 2. Jh. n. Chr.: Als die Ausübung der jüdischen Religion von Rom verboten	

	Fundament	Tradition
	wurde, versuchten die Christen zu zeigen, dass sie keine Juden waren. Die Feier des Gottesdienstes wurde allmählich auf den Sonntagvormittag verschoben. Ruhetag aber blieb der Samstag / Sabbat. Erst als Kaiser Konstantin am 7. März 321 den Sonntag zum gesetzlichen Feiertag erklärte, wurde er auch von den Christen im römischen Reich als Ruhetag «geheiligt». Manche Christen übertragen deshalb das vierte Gebot (biblische Zählweise) von der Sabbatheiligung auf den Sonntag. Laut Kalender ist der Sonntag heute ja auch der siebte Tag der Woche (seit dem 1. Januar 1976 durch Beschluss der UNO).	
Vater	Vater ist das Synonym für Gott.	(Kloster)Priester werden als Vater/Pater bezeichnet, der Papst als «Heiliger Vater».
Kommentar	Matthäus 23: [1] Da redete Jesus zu dem Volk und zu seinen Jüngern [2] und sprach: Auf dem Stuhl des Mose sitzen die Schriftgelehrten und die Pharisäer. [3] Alles nun, was sie euch sagen, das tut und haltet; aber nach ihren Werken sollt ihr nicht handeln; denn sie sagen's zwar, tun's aber nicht. [4] Sie binden schwere und unerträgliche Bürden und legen sie den Menschen auf die Schultern; aber sie selbst wollen keinen Finger dafür rühren. [5] Alle ihre Werke aber tun sie, damit sie von den Leuten gesehen werden. Sie machen ihre Gebetsriemen breit und die Quasten an ihren Kleidern groß. [6] Sie sitzen gern obenan beim Gastmahl und in den Synagogen [7] und haben's gern, dass sie auf dem Markt gegrüßt und von den Leuten Rabbi genannt werden. [8] Aber ihr sollt euch nicht Rabbi nennen lassen; denn einer ist euer Meister; ihr aber seid alle Brüder. [9] **Und ihr sollt niemand euren Vater nennen auf Erden; denn einer ist euer Vater: der im Himmel.**	
Stellvertreter Christi	Heiliger Geist *Johannes 14: [25] Dies habe ich zu euch geredet, während ich bei euch weile. [26] Der Beistand aber, der Heilige Geist, den der Vater senden wird in meinem Namen, der wird euch alles lehren und euch an alles erinnern, was ich euch gesagt habe.*	Papst als Stellvertreter Jesu Christi, Nachfolger des Fürsten der Apostel, Pontifex Maximus.
Kommentar	Jesus ist Sühnopfer, Hohepriester und Gott. Das Priestertum mit seinen irdischen Hohenpriestern wurde durch Jesus abgelöst. Der Gläubige hat direkten Zugang zur Gemeinschaft mit Jesus. Es braucht keinen «irdischen» Mittlerdienst. Das Papsttum jedoch definiert sich selbst als «Heiligkeit, Heiliger Vater, **Stellvertreter Jesu Christi, Nachfolger des Fürsten der Apostel, Pontifex Maximus der universalen Kirche**, Primas von Italien, Erzbischof und Metropolit der Provinz Rom, Souverän des Staates der Vatikanstadt».	

13.3 Fundamentalismus versus Säkularismus

Säkularismus erscheint dem «aufgeklärten» Menschen näher als ein Glaube an Gott. Der Glaube an Gott wird oftmals mit Attributen wie engstirnig, konservativ, veraltet oder mit Adjektiven wie kindlich oder naiv, beschrieben. Scheinbar scheint es vielen Menschen in der heutigen Welt «erwachsener», das heißt weniger kindlich und naiv zu sein an Säkularismus und damit einhergehend an Kapitalismus, Technologie und Technik zu glauben als an Gott. Warum eigentlich? Warum fällt es leichter, an einen Urknall, eine Ursuppe oder andere Weltentstehungstheorien zu glauben und daran festzuhalten, obwohl sie sich teilweise widersprechen, gegenseitig aufheben und bestenfalls wissenschaftlicher Glaube, keinesfalls aber bewiesenes Wissen sind? Wieso ist der Glaube an einen Urknall so vielen näher als der Glaube an einen Schöpfergott? Wird dabei nicht zu einfach übersehen, dass das brisante Pulver, das schliesslich den Urknall der Weltentstehung herbeiführte, ebenfalls zuerst gemischt werden und «sprichwörtlich» Feuer an die Lunte gelegt werden musste, bevor es zu einer Zündung kam? Woher kam das Knallpulver und wer hat das Zündholz gezündet? So war im Säkularismus am Anfang ein Urknall und niemand weiß genau, wer das Feuer gelegt hat und im oben beschriebenen Fundamentalismus am Anfang das Wort.

13.4 Wo ist Gott zuhause?

Wo ist Gottes Platz in dieser Welt? Bei den kritischen Fundamentalisten nach obiger Definition, die extremen Traditionalismus ablehnen, Säkularismus als Trennung von Kirche und Staat befürworten, aber Gott in seiner Schöpfung erkennen. Diese Menschen kann man in den großen Konfessionen finden, sicher aber auch dort, wo – wie Jesus sagt «zwei oder drei in meinem Namen versammelt sind».

Mahnung zur Bruderliebe - Warnung vor Unzucht und Geldliebe

[1] Die Bruderliebe bleibe! [2] Die Gastfreundschaft vergesst nicht! Denn dadurch haben einige, ohne es zu wissen, Engel beherbergt. [3] Gedenkt der Gefangenen als Mitgefangene; derer, die geplagt werden, als solche, die auch selbst im Leib sind! [4] Die Ehe sei ehrbar in allem und das Ehebett unbefleckt! Denn Unzüchtige und Ehebrecher wird Gott richten. [5] Der Wandel sei ohne Geldliebe; begnügt euch mit dem, was vorhanden ist! Denn er hat gesagt: "Ich will dich nicht aufgeben und dich nicht verlassen", [6] so dass wir zuversichtlich sagen können: "Der Herr ist mein Helfer, ich will mich nicht fürchten. Was soll mir ein Mensch tun?"

Mahnung zur Treue in der Nachfolge Jesu

[7] Gedenkt eurer Führer, die das Wort Gottes zu euch geredet haben! Schaut den Ausgang ihres Wandels an, und ahmt ihren Glauben nach! [8] Jesus Christus ist derselbe gestern und heute und in Ewigkeit. [9] Lasst euch nicht fortreißen durch verschiedenartige und fremde Lehren! Denn es ist gut, dass das Herz durch Gnade gefestigt wird, nicht durch Speisen, von denen die keinen Nutzen hatten, die danach wandelten. [10] Wir haben einen Altar, von dem zu essen die kein Recht haben, die dem Zelt dienen. [11] Denn die Leiber der Tiere, deren Blut durch den Hohenpriester für die Sünde in das Heiligtum hineingetragen wird, werden außerhalb des Lagers verbrannt. [12] Darum hat auch Jesus, um das Volk durch sein eigenes Blut zu heiligen, außerhalb des Tores gelitten. [13] Deshalb lasst uns zu ihm hinausgehen, außerhalb des Lagers, und seine Schmach tragen! [14] Denn wir haben hier keine bleibende Stadt, sondern die zukünftige suchen wir. [15] Durch ihn nun lasst uns Gott stets ein Opfer des Lobes darbringen! Das ist: Frucht der Lippen, die seinen Namen bekennen. [16] Das Wohltun und Mitteilen aber vergesst nicht! Denn an solchen Opfern hat Gott Wohlgefallen. [17] Gehorcht und fügt euch euren Führern! Denn sie wachen über eure Seelen, als solche, die Rechenschaft geben werden, damit sie dies mit Freuden tun und nicht mit Seufzen; denn dies wäre nicht nützlich für euch.

Schlussermahnungen - Segenswünsche - Grüße

[18] Betet für uns! Denn wir sind überzeugt, dass wir ein gutes Gewissen haben, da wir in allem einen guten Wandel zu führen begehren. [19] Ich bitte euch aber umso mehr, dies zu tun, damit ich euch desto schneller wiedergegeben werde. [20] Der Gott des Friedens aber, der den großen Hirten der Schafe aus den Toten heraufgeführt hat durch das Blut eines ewigen Bundes, unseren Herrn Jesus, [21] vollende euch in allem Guten, damit ihr seinen Willen tut, indem er in uns schafft, was vor ihm wohlgefällig ist, durch Jesus Christus, dem die Herrlichkeit sei von Ewigkeit zu Ewigkeit! Amen. [22] Ich bitte euch aber, Brüder, ertragt das Wort der Ermahnung! Denn ich habe euch ja kurz geschrieben. [23] Wisst, dass unser Bruder Timotheus freigelassen ist, mit dem ich euch sehen werde, wenn er bald kommt. [24] Grüßt alle eure Führer und alle Heiligen! Es grüßen euch die von Italien. - [25] Die Gnade sei mit euch allen!

Notizen

_____

_____

_____

_____

_____

_____

_____

_____

_____

_____

_____

_____

_____

_____

_____

_____

Zeitfracht Medien GmbH
Ferdinand-Jühlke-Straße 7
99095 Erfurt, Deutschland
produktsicherheit@kolibri360.de